WITHDRAWN

El cuaderno
del año del Nobel

José Saramago

El cuaderno del año del Nobel

Traducción de Antonio Sáez Delgado

ALFAGUARA

Papel certificado por el Forest Stewardship Council®

Título original: *O Último Caderno de Lanzarote*
Primera edición en castellano: octubre de 2018

© 2018, Herederos de José Saramago
Todos los derechos reservados
© 2018, Penguin Random House Grupo Editorial, S. A. U.
Travessera de Gràcia, 47-49. 08021 Barcelona
© 2018, Antonio Sáez Delgado, por la traducción
© de la traducción de los fragmentos citados de *Memorial del convento:* Basilio Losada
© de la traducción de los fragmentos citados de *Historia del cerco de Lisboa:* Basilio Losada
© de la traducción de los fragmentos citados de *Las pequeñas memorias:* Pilar del Río

© Diseño: Penguin Random House Grupo Editorial, inspirado en un diseño original de Enric Satué

Printed in Spain – Impreso en España

ISBN: 978-84-204-3459-9
Depósito legal: B-16625-2018

Compuesto en MT Color & Diseño, S. L.
Impreso en Unigraf, Móstoles (Madrid)

AL 3 4 5 9 9

Penguin
Random House
Grupo Editorial

Índice

Y si el Sexto Cuaderno *no llegó a ver la luz del día y permaneció agarrado al disco duro del ordenador, fue solo porque, envuelto de repente en mil obligaciones y compromisos, todos urgentes, todos imperativos, todos inaplazables, se me quebró el ánimo y también la paciencia para revisar y corregir las doscientas páginas en las que se habían acogido las ideas, los hechos e igualmente las emociones con que el año 1998 me benefició y alguna vez me agredió. Eran palabras que ya consideraba definitivamente condenadas al limbo, pero, como dice la sabiduría popular, tras un día, otro viene, y lo que ayer fue duda puede convertirse mañana en certeza. Algo así sucedió cuando Amaya Elezcano, mi editora, me pidió que explicara a los lectores las razones por las que este* Quinto Cuaderno *no era el último de la serie. Ahora bien, existiendo, inédito, un* Sexto Cuaderno, *está claro que sería jurar en falso decir que después del* Quinto Cuaderno *no habría nada más. De manera que no quedaba otro remedio que esta confesión pública y, ya de paso, la noticia de que el dicho* Sexto Cuaderno *aparecerá en breve en Portugal.*

José Saramago

Epílogo de la edición de Alfaguara de
Cuadernos de Lanzarote II, octubre de 2001

El limbo de los discos duros y el tiempo

Algunos libros necesitan una explicación, y este es uno de ellos. No será por el contenido, continuación feliz de cinco volúmenes anteriores que se publicaron en tiempo y hora, sino por las circunstancias que han hecho posible que hoy, querida lectora, querido lector, estas páginas lleguen a sus manos, veinte años después de que fueran escritas y diecisiete años más tarde de que el autor anunciara que aparecerían «en breve» porque el destino de los libros escritos es llegar a los lectores, no permanecer alojados en el limbo del disco duro del computador.

José Saramago dio noticia de la existencia del *Sexto Cuaderno de Lanzarote* en el epílogo que escribió para la edición en español del *Cuaderno* de 1997 y en la posterior presentación del libro en Madrid, que tuvo lugar en octubre de 2001. Al saberse la novedad, los editores aplaudieron y los lectores nos felicitamos y nos pusimos a esperar la narración de los días del año en que el escritor recibió el Premio Nobel, seguros de que esas páginas, además de un nuevo acercamiento al ser humano que conocíamos, nos desvelarían detalles de los días de Estocolmo, que suponíamos extraordinarios. Unos y otros demandamos la publicación de este diario cuanto antes, pero pasaba el tiempo y el nuevo *Cuaderno de Lanzarote* no aparecía, aunque sí llegaban noticias de viajes, conferencias y otras actividades públicas que justificaban que el lanzamiento del volumen, pese a haber sido anunciado, se fuera posponiendo. Por aquellos días, José Saramago cambió de computador y, por decisión de quien con él estaba, dejó de tener en la pantalla la amenazadora lista de asuntos pendientes que tanta ansiedad le provocaba: para cumplir con el oficio de escribir bastaban las exigencias propias de la literatura y de su personal proyecto de no tener prisa y no perder tiempo, así que se le limpió el paisaje de otras presiones sin ser conscientes de que junto a apremios prescindibles pudieran encontrarse flores recién cortadas, frescas y luminosas, como era el diario del 98. A veces alguien preguntaba por el *Sexto Cuaderno,* pero con tanta discreción lo hacía que ni el propio autor se sentía aludido, como si haber anunciado que el libro se publicaría en breve fuera suficiente para que cumpliera su destino. Así fue pasando el tiempo, apareció *La caverna,* otros libros aparecieron, y el sexto volumen de sus diarios no tuvo más remedio que atrincherarse de nuevo en el disco duro del ordenador, perdido de la humana vista del autor, también de los editores y de los lectores, resignados por fin a no conocer de primera mano la vida de aquel feliz año. Han sido necesarias varias casualidades «saramaguianas», como las define el profesor Eduardo Lourenço, para que el texto escrito hace veinte años se haya manifestado por sí mismo dando lugar a este volumen que ahora tiene en las manos, querida lectora, querido lector; otra vez Lanzarote, otra vez el testimonio personal de días vividos y escritos con expresa voluntad de compartir.

El poeta y cer ensayista Fernando Gómez Aguilera, autor de la cronobiografía de José Saramago y comisario de la exposición «La consistencia de los sueños», asumió el reto de organizar un volumen con las conferencias y discursos pronunciados por José Saramago en distintos países y fechas, algunos publicados, otros conservados en papel, otros archivados digitalmente. En el proceso de recopilación fue necesario rastrear con voluntad detectivesca los distintos computadores que José Saramago utilizó a lo largo de su vida digital, que abarca desde *Historia del cerco de Lisboa* hasta *Alabardas, alabardas, espingardas, espingardas,* estudiando los archivos que el escritor organizó de forma precisa. Uno de ellos, alojado en el computador sustituido, se titula «Cuadernos», rótulo que tanto para Fernando Gómez Aguilera como para quien esto escribe acogería libros acabados, los cinco volúmenes de *Cuadernos de Lanzarote*, imprescindibles en este trabajo de organización, siempre manejados en las ediciones en papel. Por esta razón el archivo digital titulado «Cuadernos» permanecía tal como el autor lo había creado, sin que ninguna mano lo hubiera tocado. Imaginen la sorpresa cuando la voluntad investigadora hizo oprimir la opción «abrir» y apareció, con todas sus letras —la fantasía me hace ver el título del libro parpadeando y en color, aunque sé que no es cierto—, el documento titulado *Cuadernos 6*, el último según el orden lógico con que José Saramago archivó los diarios. «¿Seis? ¿Cómo es posible, si solo hay cinco volúmenes?», fue la absurda pregunta lanzada al aire antes de empezar a leer sin respirar, ni hablar, ni ver más allá de la pantalla, que siendo pantalla era también voz y narraba un tiempo distante que se hacía presente al manifestarse así, esa noche, en esa casa; allí, en lo que hasta ese momento era silencio. No será necesario que describa el pasmo del instante, la sorpresa y la emoción, el tiempo detenido, la ansiedad y la alegría, la nostalgia, el peso y una levedad que rompía todas las leyes de espacio y tiempo. Eran días de hace veinte años, eran días de hoy. El autor diciéndose de nuevo en Lanzarote, las palabras saliendo a borbotones, mes a mes, un año entero, ese año y justo ahora. Era febrero de 2018 cuando el texto abandonó el limbo del disco duro y se hizo una preciosa promesa en el mundo de los libros. Ahora ya es una realidad y está en sus manos.

Así ha sido el renacimiento del *Sexto Cuaderno*, los diarios que se quedaron atrás porque la capacidad de atención es limitada, la del autor que atendía frentes diversos, la de quienes con él trabajábamos, que no reclamamos el libro anunciado. En descargo de unos y otros, conviene insistir en el caos que se instaló en la casa de José Saramago en Lanzarote a partir del momento en que se anunció el Premio Nobel de Literatura. Fue el reconocimiento, fueron las solicitaciones que para algunos, desde luego para José Saramago, conlleva esa distinción, unas literarias, otras de carácter político y humano; el caso es que el proceso de escritura se vio radicalmente alterado.

Como se verá, el cuerpo central del *Cuaderno* está terminado, aunque hay algunas páginas en las que el autor se limita a enunciar el asunto que pensaba abordar antes de entregarlo a los editores. Este remate, tan fácil de realizar, que solo exigía algo de tiempo y tranquilidad de espíritu, fue responsable de que el proyecto se pospusiera una y otra vez. Ahora, en estos días de nueva vida, se ha podido seguir el rastro de algunas de las entradas propuestas y con ellas se ha conformado una segunda parte, «Descubrámonos los unos a los otros», intervenciones literarias o sociales citadas que no llegó a incorporar. Naturalmente, el volumen se presenta tal como José Saramago lo dejó escrito. Y no, no llega tarde; el *Cuaderno* aparece en el momento en que más se le necesita: entenderán lo que digo cuando vayan avanzando en su lectura. Veinte años después, es el momento adecuado para ciertas reflexiones y confidencias.

José Saramago aseguró varias veces que el diario de 1998 sería el último, porque los compromisos que asumía como autor y como ciudadano le obligaban a organizar de otra forma las horas del día. Solo en 2007, tras una enfermedad que estuvo a punto de costarle la vida, sintió la necesidad de la comunicación diaria con otros, y lo hizo a través de un blog que se publicaba diariamente en la página de la Fundación que lleva su nombre y en algunos medios. Estos textos, más concretos y directos, también fueron reunidos en dos volúmenes que ya no incluyen el nombre de la isla volcánica que eligió para vivir. Son, solamente, los «Cuadernos» del autor.

«El *Sexto Cuaderno* aparecerá en breve», dejó dicho José Saramago. Tal vez ese «en breve» puedan ser veinte años, quién sabe medir el tiempo. El día 31 de diciembre de 1994 escribió en otro volumen de *Cuadernos de Lanzarote:* «El tiempo es una tira elástica que se estira y se encoge. Estar cerca o lejos, allá o acá, solo depende de la voluntad».

PILAR DEL RÍO

El autor de Memorial *deja, como Chateaubriand, sus* ultima verba *en el ordenador. Demos gracias al mágico soporte por haber preservado ese diálogo de José Saramago consigo mismo y con su tiempo en un espacio y en unas reverberaciones sin fin.*

EDUARDO LOURENÇO

El último Cuaderno de Lanzarote

1 de enero de 1998

Durante la noche, el viento ha andado con la cabeza perdida, dando continuas vueltas a la casa, sirviéndose de cuantos salientes y hendiduras encontraba para hacer sonar la gama completa de los instrumentos de su orquesta particular, sobre todo los gemidos, los silbidos y los rugidos de las cuerdas, punteados de vez en cuando por el golpe de timbal de una persiana mal cerrada. Nerviosos, los perros se abalanzaban impetuosamente por la gatera de la puerta de la cocina (el ruido es inconfundible) para salir a ladrarle al enemigo invisible que no los dejaba dormir. Por la mañana temprano, antes incluso de desayunar, bajé al jardín para ver los desperfectos, si los había. La fuerza del vendaval no había amainado, al contrario, sacudía con injusta ferocidad las ramas de los árboles, sobre todo las de la acacia, que se mueven con una simple y apacible brisa. Los dos olivos y los dos algarrobos, aún jóvenes, peleaban con valentía, oponiendo a los tirones del malvado la elasticidad de sus fibras juveniles. Y las palmeras, ya se sabe, no las arranca ni un tifón. Por los cactus tampoco valía la pena que me preocupara, lo resisten todo, llega a dar la impresión de que el viento da un rodeo al verlos, pasa de largo, con miedo a clavarse las espinas. A lo largo del muro, los pinos canarios, en fila, más desgreñados que de costumbre, cumplían el deber de quien ha sido colocado en primera fila: aguantar los primeros embates. Todo parecía estar en orden, podía ir a prepararme mi desayuno de zumo de naranja, yogur, té verde y tostadas con aceite y azúcar. Fue

21

entonces cuando noté que el tronco de un pino se balanceaba más que los de sus hermanos. Conociendo el suelo que piso, comprendí que las raíces, agitadas por los bruscos y repetidos zarandeos del viento, iban, poco a poco, aflojando su presa. Por estos lugares, la capa de tierra fértil es delgadísima, la piedra empieza a un palmo de la superficie, a veces incluso menos. Siempre estará en peligro un árbol que, en el sitio en que lo plantaron o donde nació de forma espontánea, no haya tenido la suerte de encontrar una grieta por donde introducir las radículas extremas y después forzar el espacio que necesita para sostenerse. Mi pino, tan solo tres palmos más alto que yo, necesitaba ayuda. Empecé apuntalándolo con el mango de una azada, encajado entre una rama baja y el suelo, pero el resultado fue desalentador, la oscilación intermitente del tronco hacía que la improvisada estaca resbalara. Di la vuelta al jardín, buscando otro objeto más apropiado, y vi unas cajas de madera que parecían estar allí esperando este día: cogí la tapa de una de ellas, que una racha repentina casi me arrancó de las manos, y volví al pino en apuros. El tamaño de la tapa era exactamente el que convenía, las tablas formarían con el tronco el ángulo más adecuado que habría podido desear. Empujé el árbol contra el viento para que quedara derecho, ajusté el puntal bajo la rama que había usado en mi primer intento; no había duda, la inclinación de la tapa era perfecta. Entonces me puse a acarrear piedras que fui disponiendo y ajustando encima de las tablas, de modo que ejercieran la mayor presión constante posible sobre el tronco. El árbol, naturalmente, seguía moviéndose al gusto del viento, pero mucho menos, y estaba firme, a salvo de verse arrancado por la raíz. Estuve viéndome reflejado en mi obra todo el día. Como un niño que hubiese conseguido atarse por primera vez los cordones de los zapatos.

Jonas Modig, actual responsable del grupo editorial sueco Bonnier, al que pertenece la editorial Wahlström & Widstrand, que ha venido publicando mis libros desde *Memorial del convento*, ha venido con su mujer, Maria, también escritora, a pasar una semana en Lanzarote. Para nuestros bríos de sureños a quienes la moderación de los elementos nos tiene mal acostumbrados, una isla barrida por el viento, como ha sido esta en los últimos días, no debería ser un lugar particularmente agradable para unas personas que han dejado atrás los fríos y las nieves de Estocolmo con la esperanza de encontrar aquí el paraíso. «Pero esto es realmente el paraíso», sonrió Jonas, y Maria añadió: «Es verdad que el viento ha soplado con mucha fuerza, y hace dos días llovió bastante, pero son meras insignificancias si lo comparamos con el tiempo que tenemos allí ahora. Para nosotros, esto es como el verano, o mejor aún». Estábamos comiendo en la cocina, con la puerta del jardín abierta; veía, por detrás de Jonas, las ramas más altas del granado dibujadas en el cielo casi sin nubes... Sí, una especie de paraíso. Habíamos charlado, poco y de paso sobre libros, mucho y seriamente sobre la desgraciada situación del mundo en que vivimos. Cuando llegó la hora de marcharse, Pilar pidió un taxi por teléfono y yo salí a la carretera, no fuera a darse el caso de que el chófer conociera mal estos parajes y no diera con el desvío. Llevaba allí unos pocos minutos cuando un coche pequeño dio la vuelta a la rotonda y entró en la calle. Lo conducía un hombre joven, casi adolescente aún, que paró para preguntarme si esta era la calle Los Topes. Le respondí que sí, y, por mi parte, le pregunté si buscaba a alguien. «Vengo a hacer un trabajo», dijo, y en ese momento me fijé en que en la parte de atrás del coche había algo así como herramientas. «Sí, la calle es esta, sigue hasta el fondo, después gira a la izquierda.» El hombre de repente me miró con atención y preguntó: «¿Es usted José Saramago?». «Sí», respondí. Me dio la mano derecha, que apreté mientras le oía decir: «Gracias, gracias por todo». Puse el coche en movimiento, se marchó, y me dejó pensando que cuando llegue mi hora podré irme de este mundo con la pequeña seguridad de no haber hecho mucho mal. Al menos...

4 de enero

El *Sunday Times*, que es un periódico dominical londinense, publica hoy una crítica elogiosa de *Ensayo sobre la ceguera*. ¿Y cómo ha sido posible que este habitante de Lanzarote, rodeado de mar y viento por todos lados, haya sabido del feliz suceso, tan estimulante y lisonjero para sus bríos de autor? Muy sencillamente, como ya se va a ver. El escritor y periodista Lustosa da Costa, constante y solícito amigo nuestro que vive en Brasilia, acaba de enviarme por fax la información de que un compañero suyo que trabaja en Ceará, «accesando» (otro estrambótico neologismo informático brasileño...) en Internet, había encontrado la grata noticia y se había apresurado a comunicársela. Ya no hacen falta ochenta días ni ochenta minutos para dar la vuelta al mundo. Bastan ocho segundos...

5 de enero

Ha muerto Ilda. Ilda era Ilda Reis, que en sus tiempos mozos empezó su vida laboral como mecanógrafa de los servicios administrativos de los Caminhos de Ferro, y después, obligando a un cuerpo demasiadas veces sufridor, esforzando la tenacidad de un espíritu que las adversidades nunca conseguirían doblegar, se entregó a la vocación que haría de ella uno de los más importantes grabadores portugueses. Gozó de esa felicidad sustituta que el éxito suele vender cara, pero se le había escapado la simple alegría de vivir. Sus grabados y sus pinturas fueron en general dramáticos, escindidos, autorreflexivos, de expresión tendencialmente esquizofrénica (lo digo sin ninguna seguridad), como si todavía insistiese en buscar una complementariedad perdida para siempre. Estuvimos casados veintiséis años. Tuvimos una hija.

7 de enero

Hemos llevado a Ilda al cementerio nuevo de Carnide. El cielo estaba cubierto, ha llovido durante el camino. Ubicado en una ladera de suave pendiente, en plataformas amplias donde no hay (¿de momento?) una única sepultura, el cementerio de Carnide tiene en medio, paralelos, dos canales de agua que vienen bajando mansamente de terraza en terraza. Como el tiempo. Ilda no vino nunca aquí, pero estoy seguro de que también habría pensado: «Mira, es como el tiempo que pasa». Y tal vez añadiese: «Este arquitecto tenía las ideas claras». Ahora lo digo yo: si realmente existiesen las almas, el mejor uso que podrían hacer de su eternidad sería venir a sentarse a sitios así, a la orilla de los ríos, estos y los naturales. Calladas ellas, callados ellos, la lluvia cayendo alguna vez sobre las últimas flores. Nada más.

9 de enero

Debió de ser ya despidiendo los años cincuenta cuando me atreví a penetrar, con un esfuerzo que no me ayudó a comprenderlo (el Raimundo Silva de *Historia del cerco de Lisboa* diría que por falta de preparación), en el libro de Roger Garaudy *Teoría materialista del conocimiento*, publicado en Francia en 1953. No pude concluir la lectura, pero de lo poco que leí me quedé con la impresión de que era una obra con su qué de fundamental, una brújula para orientar en las encrucijadas ideológicas de aquella época al hombre de buena voluntad que ya por entonces me preciaba de ser. Me prometí a mí mismo que otro día, cuando me encontrase más maduro en los saberes fundamentales, volvería a penetrar en el voluminoso tratado, pero, por culpa de una vida que me distrajo de tan alto propósito, eso nunca llegaría a suceder. No me avergüenza confesar que hoy no recuerdo una sola idea o una sola línea de la *Teoría.* Todo esto me ha venido ahora a la cabeza al leer la noticia de que Garaudy está siendo juzgado en París por delito de «complicidad y negación de crímenes contra la humanidad», expresadas, una y otra, en el libro *Los mitos fundacionales del Estado de Israel,* en el que refuta el genocidio cometido contra los judíos por la Alemania nazi. Sería instructivo conocer, paso a paso, el recorrido mental de esta filosófica criatura tras dejar de ser comunista para volverse cristiano y más tarde islamista, contando en medio con una candidatura a la presidencia de la República que no prosperó. Y ahora esto.

11 de enero

Pensar que fue ministro y primer ministro, pensar que aspiró a la presidencia de la República, pensar que todavía anda por ahí quien lo considere como una reserva de la nación, pensar que personas con responsabilidad intelectual nada despreciable le dieron todas sus aprobaciones cuando gobernó, pensar que la política nacional pudo generar un fenómeno de estos, lleva a cualquiera a desanimarse por ser portugués. El señor Aníbal Cavaco Silva, ese es el hombre, concedió hace dos semanas una entrevista al periódico español *El País.* Ignoro si fue él quien se ofreció (no sería el primer caso en la historia de la política y de la prensa: los escritores son más prudentes, esperan a que se les pida, incluso cuando arden en deseos de hablar) o si la idea surgió (sin que se pueda saber por qué) de la cabeza del director o del jefe de redacción del periódico. Comoquiera que fuese, no hay motivo para felicitarlos, ni al uno ni al otro, si bien el periodista encargado de la dolorosa tarea debería recibir, a pesar de todo, alguna enhorabuena por ayudar al cerebro de su interlocutor a producir la siguiente declaración: «Confío más en Europa —sentenció el señor Cavaco Silva— y en las reglas supranacionales que en la política económica de cada gobierno, incluyendo el portugués». Se lee y no se cree. Mañana le puede dar a este hombre la vena de regresar a las lides partidistas y gubernativas (las desgracias son fácilmente reincidentes), puede volver a sentarse en el sillón de primer ministro, y después, ¿qué les sucedería a los portugueses? El señor Cavaco Silva llamará todos los días a las Reglas Supranacionales para que le den la receta de los revulsivos económicos más convenientes para la deriva de los humores internos de la lusitanidad, y esa vergüenza no sé cómo la podremos soportar. Excepto si lo transformamos a él en Regla Supranacional, y entonces ya podremos proclamar con orgullo patriótico: «Es supranacional, pero es nuestro».

El interés de los Estados Unidos por el resto del planeta (me refiero al interés, no a los *intereses*), tomando como indicador el porcentaje de noticias internacionales emitidas por sus principales canales de televisión, está en acentuado declive: ha bajado un 25 por ciento desde 1990. Los últimos datos, publicados por el denominado Centro de Medios de Comunicación y Asuntos Públicos, indican que la cobertura de temas internacionales por parte de la televisión norteamericana ha pasado del 49 por ciento en 1990 al 24 por ciento en 1997. Excluidos los viajes de Bill Clinton, la última noticia internacional que concitó la atención de los grandes canales informativos fue la muerte de la princesa Diana.

Para los *Cadernos de Literatura Brasileira,* volúmenes monográficos que vienen siendo publicados semestralmente por el Instituto Moreira Salles de São Paulo, he escrito, sobre Lygia Fagundes Telles, las palabras que siguen. Hace tiempo me pidieron un texto sobre Jorge Amado, pero, desgraciadamente, por no encontrar el momento, no tuve cómo ponerlo en pie. Esta vez, la hora y el ánimo me han ayudado:

«Aunque ella esté a mil leguas de imaginárselo, hay un serio problema en mi relación con Lygia Fagundes Telles: no puedo acordarme de cuándo, dónde y cómo la conocí. Alguien podrá decir que el problema (suponiendo que haya motivos suficientes para llamarlo así) no tiene demasiada importancia, y además es frecuente, ay de nosotros, que nuestra frágil memoria se confunda cuando le pedimos exactitud en la localización temporal de ciertos episodios antiguos, y yo estaría de acuerdo con tan sensatas objeciones de no darse la intrigante circunstancia de creer que conozco a Lygia desde *siempre.* No necesito que me digan que eso es imposible: efectivamente, la primera vez que este lusiada pudo viajar a Brasil fue hace unos escasos quince años; además, está seguro de no haber visto a Lygia en esa ocasión, como tampoco cree haberla encontrado antes, en cualquiera de los viajes que ella hizo a Portugal. Pero lo que aquí importa, sobre todo, es que aunque consiguiese determinar, con precisión rigurosa, el día, la hora y el minuto en que aparecí para Lygia por primera vez o en que ella se me apareció a mí, estoy seguro de que, aun en ese caso, una voz me susurraría muy dentro: "Tu memoria se ha equivocado en las cuentas. Ya la conocías. La conoces desde *siempre*".

»Recientemente, estaba hojeando algunos libros de Lygia Fagundes Telles que desde hace mucho (pero no desde *siempre*) me acompañan en la vida, acariciando con los ojos páginas tantas veces soberbias, cuando me detuve en esa auténtica obra maestra que es el cuento *Paloma enamorada*. Lo releí una vez más, palabra a palabra, sílaba a sílaba, saboreando ligeramente la amargura punzante de esa miel, tocando casi con los dedos la lágrima sutil de su ironía, y en un instante luminoso pensé que tal vez la "vecina portuguesa", la mujer sin nombre ni figura que prepara en el cuento un reconstituyente ("¡La niña está en los huesos!") para la sufriente pero fiel enamorada, quizá esa mujer, sencillamente por ser portuguesa y generosa, hubiese sido, sin que yo me diera cuenta la primera vez que leí la historia, la causa originaria de esa otra especie de "vecindad" que desde entonces, es decir, desde *siempre,* me hizo vivir al lado de Lygia. El tiempo tiene razones que los relojes desconocen, para el tiempo no existen el antes ni el después, para el tiempo solo existe el ahora.

»Lo más interesante de todo esto es que nuestros encuentros han sido espaciados, muy de tarde en tarde, y, en cada uno de ellos, las palabras que nos dijimos el uno al otro podrían ser calificadas de todo menos de prolijas. Probablemente no hablamos mucho porque solo nos dijimos lo que tenía que ser dicho, y la sonrisa con que nos despedimos entonces será, seguro, la misma que tendremos en los labios el día en que las vueltas de la vida nos vuelvan a poner cara a cara. Recuerdo que cuando más tiempo pudimos convivir fue en un ya lejano octubre de 1986, en Hamburgo, con motivo de una Semana Literaria Iberoamericana en la que también participaron (bajo la bendición de Ray-Güde Mertin, que nos pastoreaba a todos), por el lado brasileño, Ignácio de Loyola Brandão, Ivan Ângelo, Lygia Bojunga Nunes, y, por el lado portugués, Lídia Jorge, Teolinda Gersão, Almeida Faria y Luís de Sttau Monteiro. La Secretaría de Cultura de Hamburgo nos había metido en una pensión de esas que llaman familiares y que, de un modo general, nos pareció de una comodidad aceptable, pero enseguida comprobamos que sufría de imperdonables detalles inconvenientes: habitaciones poco más grandes que una cabina telefónica; otras, o las mismas, sin cuarto de baño propio, obligando a los irritados huéspedes, en albornoz, pijama, zapatillas y toalla doblada en el brazo, a esperar su turno en el pasillo. Por fin, tras dos días de una dura batalla trabada por Ray-Güde contra la poca disponibilidad de la dirección y la insensibilidad de la burocracia municipal, los cuatro o cinco iberoamericanos mal amados por el dios de los hospedajes (yo, entre ellos) fueron amnistiados y conducidos a instalaciones más dignas. El recuerdo que conservo de Hamburgo y de los amigos allí encontrados o reencontrados no se me borrará nunca. Participamos en sesiones conjuntas, entramos en debates, nos ayudamos los unos a los otros, nos reímos, nos divertimos y bebimos, sobre todo no dramatizamos las diferencias a la hora de la discusión: entre escritores portugueses y brasileños solo por mala fe y cínica estrategia ajenas podrá reinar la discordia. Recuerdo la hora del desayuno, con el sol otoñal entrando por las ventanas. Alrededor de la mesa, la risa de los jóvenes no sonaba más alto ni era más alegre que la de los veteranos, los cuales, por haber vivido más, disfrutaban de la ventaja de conocer más anécdotas, tanto propias como ajenas. No es una ilusión mía de ahora la imagen de afectuosa atención con la que todos nosotros, portugueses y brasileños, escuchábamos el discurso de Lygia Fagundes Telles, aquel discurrir suyo que a veces da la impresión de perderse en el camino, pero que la palabra final volverá redondo, íntegro, lleno de sentido.

»He dicho que conozco a Lygia desde siempre, pero la medida de este *siempre* no es la de un tiempo determinado por los relojes, ni siquiera por los de arena, sino un tiempo diferente, interior, personal, incomunicable. En mi último y reciente viaje a Brasil, en São Paulo, charlando con Lygia sobre la memoria, lo pude comprender mejor que nunca. Para explicarle mi punto de vista sobre lo que entonces llamé la inestabilidad relativa de la memoria, es decir, la múltiple diversidad de los agrupamientos posibles de sus señales, evoqué el caleidoscopio, ese tubo maravilloso que los niños de hoy desconocen, con sus trocitos de cristales coloridos y su juego de espejos que producen a cada movimiento combinaciones de colores y de formas variables hasta el infinito: "Nuestra memoria también funciona así —dije—; manipula los recuerdos, los organiza, los compone, los recompone, y es, de esa manera, en dos instantes seguidos, la misma memoria y la memoria que pasó a ser". No estoy muy seguro de la pertinencia de esta comparación tan poética, pero hoy retomo el caleidoscopio y la poesía para, de una vez por todas, intentar explicar por qué insisto en decir que conozco a Lygia desde *siempre*. Solo porque creo que ella es ese trocito de cristal azul que reaparece constantemente...»

15 de enero

Nunca son los portugueses tan inflamados patriotas como cuando ejercitan retrospectivamente el sistema muscular de su patriotismo. Que el Fondo Monetario Internacional meta las narices en nuestras cuentas, que la Unión Europea nos gobierne sin que nos hayan preguntado nunca si estamos de acuerdo, que la Alianza Atlántica, regida por los EUAN (la abreviatura de Estados Unidos de América del Norte que, en buena lógica, debería usarse) con vistas a la protección exclusiva de sus intereses, entre por ahí apuntando y disparando como si estuviese en Texas, todo esto, a los bravos portugueses, jóvenes y viejos, no les importa ni les importaría: todo es, o sería, por nuestro bien. Pero que España no se acuerde de tocar, ni siquiera rozar, las cicatrices que dejaron marcado el cuerpo histórico lusitano. En ese caso se levantarán como un solo hombre los patriotas de guardia, harán resucitar a Afonso Henriques, Nuno Álvares Pereira, Brites de Almeida y al Ala de los Enamorados en pleno, y, empuñando la espada o la pala, harán retroceder a la frontera a las despavoridas huestes castellanas... Ahí los tenemos, pues, una vez más, coléricos, indignados, ardiendo en santo amor patrio, por culpa del comisario español nombrado para la Expo 98, autor del gravísimo delito de regalar un grabado que representa la entrada de Felipe II en Lisboa... «¡Aquí el rey, que nos insultan en nuestra propia casa!», bramaron los arrebatados defensores de la patria, olvidados de que en 1992 habíamos llevado a la Exposición de Sevilla, como ha recordado caritativamente Vasco da Graça Moura, un imponente panel que representaba la batalla de Aljubarrota, sin que ofendiera o hiriera la susceptibilidad de los españoles. El ridículo no es una enfermedad mortal, pero aquí en casa parece haberse vuelto incurable.

17 de enero

Inaugurando las conmemoraciones del centenario del nacimiento de Federico García Lorca, los reyes de España anduvieron ayer visitando los llamados «espacios lorquianos». Estuvieron en Fuente Vaqueros, donde nació Federico; después en Valderrubio, donde, entre los años 1909 y 1925, pasó largas temporadas la familia García Lorca, y donde se dio el hecho real que inspiraría al poeta el drama *La casa de Bernarda Alba;* después en Pinos Puente, y finalmente en Granada, en la Huerta de San Vicente. Solo no fueron al lugar donde García Lorca fue asesinado por los franquistas, en la carretera de Granada a Víznar. No puedo evitar una incómoda sensación de perplejidad. ¿Qué misteriosas razones de Estado (si las ha habido), qué reglas protocolarias (suponiendo que haya sido ese el motivo), qué inconveniencias (ciertamente no la falta de tiempo) habrán desaconsejado o impedido a los reyes de España añadir al itinerario ese otro pequeño viaje que los llevaría al lugar del crimen? Si en la Huerta de San Vicente se dieron el trabajo de plantar un ciprés al lado del que plantó el poeta en los años veinte, ¿no podrían haber ido a dejar una simple flor en la cuneta de esa carretera?

Hace unos días, a propósito de otro centenario, el del manifiesto de Émile Zola *J'accuse,* alguien del periódico *El Mundo* llamó para preguntarme qué cosas o a qué personas acusaría en estos tiempos que vivimos. Le respondí que denunciaría (es lo que, con mis pocas fuerzas, y sin efectos visibles, intento hacer todos los días) el poder económico y financiero transnacional que hace de nosotros lo que quiere. La respuesta ha sido publicada hoy, junto con las de ocho escritores españoles, a saber: Gabriel Albiac, Gustavo Bueno, Antonio Escohotado, José Agustín Goytisolo, Eduardo Haro Tecglen, Luis Racionero, Fernando Savater y Eugenio Trías. No valdría la pena anotar el hecho si no fuese porque *El Mundo* ha informado a sus lectores de que se trataba de las opiniones de *nueve* pensadores españoles. Aplicada a esta poco sapiente persona, la designación de «pensador», por sí sola, ya daría que hablar en Portugal si allí llegase la noticia, pero lo que se clamaría viendo que me están llamando «español» como si se tratara de algo natural y definitivamente asumido. Que se tranquilicen mis compatriotas: mucho más extraño que esto fue cuando dijeron de alguien, como llegó a estar de moda, que era un «ciudadano del mundo». En este caso no ha pasado de una señal de que me aprecian en esta parte del mismo...

18 de enero

He titulado «La mano que mece la cuna...» el artículo que he escrito hoy para la revista *Visão:*

«La mano que mece la cuna gobierna el mundo... Parece evidente que para el desconocido creador de esta virtuosísima sentencia (desconocido por mí, entiéndase, que por su nombre lo conocerán personas más afortunadas), la historia del género humano ha sido como una inundación de cunas esparciéndose por todo el globo terráqueo, fabricadas en distintos materiales según los medios y los gustos, y mecidas por manos de distintos colores, según las condiciones y las razas. Podía la mano mecedora haber sido la del ama o la criada, de la tía o la abuela; podía el propio padre haber echado, como se suele decir, una "manita" ocasional a la operación de dormir al infante... La Mano por antonomasia ha sido en este caso, y siempre, la de la madre. Por lo tanto, nada más claro: desde la primera Eva, nuestras madres gobiernan el mundo, aunque tengamos que reconocer que no todos los hijos, dejados por ahí, tienen o tuvieron motivos para agradecérselo.

»La sentencia, claro está, no pasa de un abuso del sentimiento, de una ratonera de la lágrima; es, ella misma, un balanceo soporífero. Pero eso no quiere decir que la cuna, la mano y el sueño no sean reales. En todas las épocas (dejemos las manos en paz, las pobres) siempre ha habido algo o alguien para mecernos y gobernar: con sus promesas de eternidad nos meció y gobernó la religión; con dudosas directrices del presente y algunas ideas imprecisas sobre el futuro nos mecieron las ideas políticas y creyeron gobernar; pero, unas y otras, al menos, procedían como si creyesen no solo en una íntima y predestinada necesidad de los objetivos que se proponían, sino también en una intrínseca y peculiar adecuación de los medios a la realidad, incluso cuando esos medios significaron sacrificio, violencia y opresión. Las grandes mentiras son las primeras que creen profundamente los engaños que proclaman como verdades.

»Es otra la mano que ahora nos mece y duerme. En sus más bajas manifestaciones, el llamado comportamiento hedonista (con perdón de Epicuro), que antes, en la vida corriente, había sido excepción, se ha convertido en regla universal o va camino de serlo. Las necesidades superfluas encuentran hoy más fácil y más rápida satisfacción que ciertas necesidades fundamentales básicas. Aparentemente convertidos en señores del espacio y del tiempo por la capacidad de manejar el teclado de un ordenador, circulamos por las autopistas de la información y de la comunicación, podemos, sin salir de casa, quedarnos con la boca abierta en los grandes museos, presenciar los grandes espectáculos sin necesidad de aplaudir, acceder a las mejores bibliotecas para leer lo que probablemente ya teníamos en nuestras estanterías; pero la enseñanza, por ejemplo, necesidad prioritaria, no enseña. Porque no quiere, o porque no sabe, o porque no la dejan. O quizá porque, sencillamente, ha dejado de ser posible (si es que algún día lo fue) enseñar a todo el mundo... Nos dicen que la formación continua estará después para curar los males y colmatar las carencias, insinuándose así, subliminalmente, que los programas de formación y los profesores, por el mero hecho de serlo, harán el trabajo educativo que no había logrado el simple trabajo escolar. Los hipermercados no han ocupado tan solo el lugar de las catedrales, son también las nuevas escuelas y las nuevas universidades, abiertas a mayores y menores sin distinción, con la ventaja de no exigir exámenes de ingreso o notas mínimas, salvo aquellas que resuelva la cartera y cubra la tarjeta de crédito. El gran suministrador de educación de nuestro tiempo, incluyendo la "cívica" y la "moral", es el hipermercado. Somos educados para ser clientes. Y esa es la educación básica que estamos transmitiendo a nuestros hijos.

»Pero no nos engañemos, no tiremos piedras a objetivos solo porque están cerca. El hipermercado, la sencilla tienda de ultramarinos son solo lugares de comercio donde hay que ir para abastecernos de lo necesario para vivir. No es la mano del hipermercado la que nos mece, porque, en realidad, ya estábamos dormidos cuando entramos en él. Dormíamos en la calle, dormíamos en el trabajo, dormíamos en casa, dormíamos leyendo el periódico, dormíamos en el estadio de fútbol, dormíamos en el teatro, dormíamos en el cine. Todos estamos tumbados en una cuna que se mueve suavemente, y hay una voz que susurra al oído del mundo:

"Duerme, duerme tranquilo, que nosotros te gobernaremos. Sobre todo no sueñes, no sueñes, no sueñes, no sueñes...". Y nosotros, obedientes, dormimos y no soñamos.»

19 de enero

Me llega la noticia de la muerte de Maria Judite de Carvalho. No he leído nunca una página suya que no pensase en la persona que la había escrito. Y creo que ella lo quería así. Que el lector entendiese que al otro lado no estaba solo una escritora, sino alguien que, conociendo como pocos el arte del cuento y las resonancias íntimas de cada palabra, usaba ese arte y ese sentido musical para decir quién era. Con obstinación, pero también con sencillez y discreta reserva. Como Irene Lisboa, a cuyo lado le guardará un lugar la historia de la literatura, el alcance de su voz era el espacio del corazón. El ser que fue Maria Judite de Carvalho ya no pertenece al mundo de los vivos, pero podemos encontrar en sus libros todo lo que ella quiso que se supiera de sí misma.

20 de enero

Ray-Güde Mertin me da noticias desde Israel. Una adaptación «monodramática» de *El Evangelio según Jesucristo,* con el título *Ha'Abashel Yeshu* (Padre de Jesús), hecha por Ztadok Ztemah, ha sido entregada a la Nueva Ópera de Israel, cuya directora artística, Hanna Munitz, ha mostrado interés. Otros dos teatros han recibido también copias de la adaptación, pero, como prefieren un texto con más personajes, Ztadok Ztemah va a reescribir la pieza. Veremos en qué acaba todo esto...

Entre el tiempo que viví en la Rua Fernão Lopes, en Saldanha, tenía entonces seis años, y después en la Rua

Heróis de Quionga, en Morais Soares, hasta los diez, ya con el examen del segundo grado de primaria cumplido satisfactoriamente (aprobé con sobresaliente...), dos «vivencias culturales» (por llamarlas de algún modo) impresionaron mi imaginación. De una de ellas ya he hablado (véase *Las maletas del viajero*, «Molière y la Curruca»), que fue la lectura, tantas veces repetida, de un fragmento de una vieja guía de conversación de francés-portugués (solo leía, claro está, las traducciones) y que era, nada más y nada menos, que parte de una escena de *Le Bourgeois gentilhomme*, aquella en que el señor Jourdain se asombra cuando comprende que andaba haciendo prosa desde que nació (queda explicada la razón por la que este Jourdain me viene tantas veces a la escritura y al discurso). La otra «vivencia» fueron los dibujos de alguien llamado Amadeo de Souza-Cardoso, publicados, si la memoria no me falla, en *Ilustração Portuguesa*. Eran unas figuras como nunca había visto, un caballo blanco y un caballo negro galopando sin tocar el suelo con las patas, unos galgos corriendo detrás de conejos, unos halcones que más parecían flamencos (la comparación es de ahora, en aquel momento no sabía qué era un flamenco), una caballera y un caballero, un castillo torcido, una mujer desnuda en una terraza inclinada, todo dibujado con trazos que parecían de otro mundo. Realmente era otro mundo. Me asomé a él cuando tenía unos siete años, precocidad que deja a buena distancia a los españoles de Madrid que solo ahora, casi setenta años después que yo, pondrán la vista en la obra de Amadeo. También viene a cuento preguntarnos en qué habremos estado pensando para que no haya sido hasta ahora cuando venga a España una exposición antológica de aquel a quien el crítico Francisco Calvo Serraller llama «un notabilísimo pintor, imprescindible para entender los momentos aurorales de la vanguardia internacional»...

Algunos datos estadísticos de Chiapas para ayudar a comprender el mundo. Además de ser el primer productor de café y plátanos, el segundo de miel y cacao, el cuarto en el sector pecuario; además de generar el 46 por ciento de la energía eléctrica del país, en Chiapas se encuentran los nichos más importantes de hidrocarburo de México, con reservas que se calculan entre veinte y sesenta mil millones de barriles. A pesar de estas riquezas, el 60 por ciento de la población (casi un millón de habitantes) no tiene ingresos o gana menos que el salario mínimo, el analfabetismo alcanza el 30 por ciento, variando entre el 50 y el 70 por ciento en las áreas indígenas. ¿Adónde va, entonces, el dinero, si no ha sido puesto al servicio del desarrollo de Chiapas? ¿Qué papel representan los indígenas en todo esto? Un funcionario del Gobierno mexicano, un tal Hank González, a quien tenemos que reconocer el mérito de la franqueza, aunque brutal, si no preferimos antes denunciar su cinismo, acaba de dar la respuesta: «Sobran cinco millones de campesinos», ha dicho. Este es el problema que el neoliberalismo triunfante quiere resolver de forma radical: hacer desaparecer poco a poco (un genocidio a escala planetaria causaría demasiado escándalo), quitándoles o negándoles condiciones mínimas de vida, a los cientos de millones de seres humanos que sobran, sean indios de América o indios de la India, o negros de África, o amarillos de Asia, o subdesarrollados de cualquier parte. Lo que se está preparando en el planeta azul es un mundo para ricos (la riqueza como una nueva forma de arrianismo); un mundo que al no poder, como es obvio, librarse de la existencia de los pobres, solo estará dispuesto a conservar a los que sean estrictamente necesarios para el sistema.

Probablemente, la verdadera historia de la Iglesia católica es la única que no llegará nunca a ser contada. El Vaticano acaba de abrir al público (bajo una normativa estricta y mediante solicitudes concretas) los archivos de la Inquisición en el periodo que va de 1542 a 1902. Es sabido que desaparecieron, gracias a los estragos y casualidades del tiempo, a los insultos de gusanos y roedores, a las múltiples depredaciones de la guerra y del saqueo, pero también a la acción deliberada de los propios guardianes del «tesoro», muchos cientos de miles de manuscritos sobre las torturas, las mutilaciones y las quemas de herejes impunemente cometidas por el Santo Oficio. No aparece (es solo un pequeño ejemplo) el proceso de Galileo Galilei, condenado por afirmar que la Tierra gira alrededor del Sol, ni tampoco se sabe dónde anda el proceso de Giordano Bruno, quemado en la hoguera por herejía. En compensación, hemos tenido conocimiento de que la Biblia llegó a estar incluida en el *Índice de libros prohibidos* y que, por el «crimen» abominable de no estar escritos en latín, lengua oficial de la Iglesia, fueron quemados miles de ejemplares... Hans Küng, el perseguido teólogo suizo a quien nunca permitieron ver la ficha que tiene en la Inquisición (está registrada con el número 399/57), dice que mucho más importante que escudriñar papeles de siglos pasados sería investigar los de este siglo. Así conoceríamos (otro ejemplo), en el caso de que esos documentos no hayan sido también destruidos, algunas verdades sobre el fondo inquietante de los comportamientos (tanto los silencios como las complicidades) de la Iglesia católica ante el fascismo y el nazismo. O incluso sobre el franquismo y, ya puestos, toda vez que los portugueses también son hijos de Dios, sobre el salazarismo.

Hace un tiempo, el filósofo catalán Xavier Rubert de Ventós publicó en *El País,* con el título «A favor del "pensamiento único"», un artículo que me causó una fuerte impresión de desagrado, sobre todo porque, tal vez por falta de atención mía, otros textos del autor, leídos sueltos, no me habían preparado para la tesis insólita que defiende en este, al equiparar (simplifico, pero no deturpo) la idea de Mercado con la idea de Contrato Social de Rousseau, que considera un ejemplo de «pensamiento único». Me lamenté entonces por no entender las materias lo suficiente como para responder cabalmente a lo que me pareció un uso algo perverso del talento de argumentar, y me resigné a esperar a que saliera alguien a la palestra y pusiera las cosas en su sitio. Han pasado tres meses, y por fin ha sucedido lo que deseaba. «A vueltas con el "pensamiento único"», se titula el artículo (publicado en *El País* de hoy) de Augusto Klappenbach, profesor de Filosofía de bachillerato. Es el artículo que debería haber escrito yo, si hubiese sabido escribirlo... Empieza Klappenbach llamando la atención de Rubert de Ventós (y del lector) sobre la incompatibilidad de los términos *pensamiento* y *único,* y aclara: «... la unión de ambos términos constituye lo que los antiguos llamaban una *contradictio in adiecto,* es decir, la atribución a un sustantivo de un adjetivo que contradice su significado. El pensamiento, para serlo, no puede renunciar a su tarea crítica, que implica la confrontación permanente con otros pensamientos, sin caer en escolasticismos que lo convierten en una repetición mecánica de doctrinas consideradas incuestionables [...]. No hubo en la historia ningún absolutismo que no buscara su legitimación en algún *pensamiento único,* desde la doctrina del derecho divino de los reyes, pasando por el contractualismo de Hobbes y terminando (¿terminando?) en la ideología del neoliberalismo en boga». Con una claridad que refresca el espíritu, prosigue Klappenbach: «La doctrina del *pensamiento único* es otra variante del anuncio del *fin de la historia* y la *muerte de las ideologías:* la historia ha terminado, dicen los nuevos profetas, porque el liberalismo se ha impuesto como "el último paso de la evolución ideológica de la humanidad y la universalización de la democracia liberal como forma final de gobierno humano" (Fukuyama *dixit*). Desde este punto de vista, la muerte de las ideologías solo se refiere a aquellas que no coinciden con la propia: la ideología liberal no solo pretende el triunfo definitivo, sino la definitiva aniquilación de sus adversarios». Y más adelante: «Una de ellas [de las ideas del artículo de Rubert de Ventós] consiste en suponer que la idea de Mercado abre un espacio de pluralidad, tolerancia y universalidad, "sin Doctrina ni Estado interpuestos". Además de suponer gratuitamente que esa idea no supone ninguna "Doctrina", esta afirmación implica asociar, como frecuentemente se escucha, la idea de Mercado con la de Democracia. Nada más falso: a diferencia del Contrato Social de Rousseau [...], el Mercado goza del privilegio de ejercer el poder sustrayéndose por completo a la voluntad de los ciudadanos. Las decisiones se toman en despachos a puerta cerrada, y no en los parlamentos; la planificación de la economía (la economía es siempre planificada) responde a los intereses de gestores que gozan de un poder que nadie les ha concedido y no tienen que rendir cuentas ante nadie de sus decisiones. Y ello con la ventaja añadida del anonimato. El adelgazamiento del Estado no supone la apertura de mayores espacios de libertad, sino el desplazamiento del poder a zonas cada vez más opacas». Una última cita: «Creo que Rubert de Ventós cae en una de las trampas más peligrosas del *pensamiento único:* hay que elegir, se dice, entre el Mercado y la vuelta a los modelos fracasados de la Europa del Este, entre la libertad y el más crudo estatismo. Se trata del viejo truco de construir artificialmente un enemigo contra el cual resulte fácil luchar. Aceptar esta alternativa implica caer en la pereza mental que caracteriza la actual situación de la izquierda: en lugar de recoger críticamente la experiencia del pasado y atreverse a elaborar un proyecto que desarrolle esas viejas aspiraciones de justicia e igualdad que han marcado el pensamiento progresista (lo que hizo Rousseau en su tiempo), se prefiere aceptar la omnipotencia del Mercado y limitarse a corregir sus desvaríos con tímidos matices de contenido humanitario».

Palabras como puños. Desgraciadamente, la izquierda, además de haber dejado de pensar, ha perdido el hábito de la lectura...

26 de enero

Han puesto en la televisión *Milagro en Milán* de Vittorio De Sica. Qué lejos estábamos, en 1951, del «pensamiento único»...

28 de enero

Esta mañana me he despertado pensando en José Donoso. No creo haber soñado con él, o tal vez sí, pero sé que durante algunos minutos me he debatido con la impresión perturbadora de que le debía algo. Qué habrá sido, qué no habrá sido; se me vino a la cabeza que sería por haberme desentendido de las palabras que fui a leer a Santiago de Chile con motivo de la celebración nacional de los setenta años del autor de *El obsceno pájaro de la noche*. Las había dejado por ahí, mezcladas con otros mil papeles, en lugar de pasarlas a estos *Cuadernos,* como habría sido lo propio. Decido hacerlo ahora, aunque (otra impresión perturbadora) no esté seguro de que sea *solo esto* lo que le debía a Donoso. Aquí está, íntegro, lo que, bajo el título «José Donoso y el inventario del mundo», leí en la Universidad de Santiago:

«"Me gustaría hablar de música, por ejemplo. Pero en el fondo pienso que hacerlo sería una frivolidad." Esta frase se la dijo Judit a Mañungo en un instante de su travesía nocturna por Santiago, aquella noche fantástica que no quería acabar, que parecía ir retomando, una tras otra, cada hora vivida, para que no se perdiese, en el abismo del irrecuperable tiempo pasado, un solo minuto sin la palabra, el gesto, el pensamiento que le darían sentido. Judit no hablará de música porque el sentido del mundo, en esos días, es precisamente el de no tener música. Hace once años que murió Neruda, y Matilde Urrutia, la última guardiana de sus ecos, acaba de entrar, a su vez, en el silencio de la ausencia definitiva.

»Nacemos y de inmediato empezamos a aprender las palabras, después las recreamos al usarlas, dibujamos su imagen en papeles, y, antes o después, entendemos que son, en sí mismas, música. Comprendemos que un libro es como una partitura, que el habla es como una melodía ansiosa e inagotable. Escribiendo o hablando, nuestra aspiración, aunque no queramos reconocerlo o no seamos conscientes de ello, será siempre llegar a aquello a lo que, sin ningún rigor, llamaré la *coda* vital, ese instante supremo en que creeremos haber explotado hasta el umbral de lo inefable los recursos de nuestra propia sonata. Ahora bien, siendo tantas las palabras y las músicas tan cruzadas, lo más fácil es afirmar que muchas de esas palabras son inútiles, que muchas de esas músicas no merecen ser oídas. Quizá sea así, quizá no. Tomamos una novela cualquiera y decimos: "Aquí hay cien mil palabras, es imposible que todas sean igualmente necesarias, que todas estén cargadas con el mismo grado de necesidad". Aparentemente, nada más cierto. Pero ¿cómo podremos, pregunto, estar seguros de que las palabras que consideramos inútiles o innecesarias lo van a ser siempre, suponiendo que ya lo serían cuando las clasificamos de esa forma? Esas seis palabras que dicen "En un lugar de la Mancha" son, sin duda, de las más famosas que se han escrito desde que el mundo es mundo. Pero ¿serán por ello más indispensables que "pique la tordilla y póngase en salvo", como le aconseja el Caballero de la Triste Figura al Caballero del Verde Gabán en la página 524 de mi edición del *Quijote*? ¿Quién nos asegura que esas otras palabras de Cervantes, en apariencia insignificantes, escritas sin más preocupación que la de satisfacer la lógica conflictiva de un episodio menor, no estarán destinadas, algún día, a convertirse en divisa de prudentes en un mundo de gente timorata? Las palabras dicen siempre más de lo que nos imaginamos, y si no parecen decirlo en un momento determinado, es solo porque no ha llegado su hora.

»Esas palabras de Judit lo más seguro es que José Donoso las escribiera sin pensar; le vinieron a la pluma, y ahí están como un remate figurado, "literatizante", del discurso seco y objetivo que las precedió. Creo que estaríamos de acuerdo fácilmente en que *La desesperanza,* sin ellas, sería exactamente igual a como es. De hecho, ¿qué importancia podría tener restarle diecisiete palabras a cien mil? ¿Qué podrán decir cien mil palabras que no digan noventa y nueve mil novecientas ochenta y tres? Y, sin embargo, me atrevo a decir que esas diecisiete palabras que consideramos innecesarias son esenciales hasta tal punto que bien podría Donoso usarlas como epígrafe de toda su obra, como una divisa, la divisa de una conciencia mortal ungida por la verdad.

»Tal como sucede con los individuos, la auténtica expresión de la decadencia de una clase social, por la propia complejidad ideológica y psicológica de esa misma decadencia, solo podrá manifestarse eficazmente *desde dentro.* Un observador ajeno, por muy analítico y perspicaz que fuese, solo podría describir, se supone que con exactitud, las señales externas de decadencia, aquello que todavía quedase de los triunfos de antes, la evidencia de las miserias de ahora, pero jamás el profundo malestar mental que devora lo que todavía se conserva de la sustancia vital del cuerpo enfermo, jamás el miedo generado por la culpa y que la irá multiplicando implacablemente hasta hacerla insoportable. Solo el aristócrata Giuseppe Tomasi, príncipe de Lampedusa, podría haber escrito *El Gatopardo;* solo el juez Salvatore Satta, conocedor de las leyes de la vida, pasión y muerte de los hombres y mujeres de su clase, podría haber escrito *El día del juicio.* Uno y otro escribieron *desde dentro* lo que, en ambos casos, es lícito denominar "testamentos" de sus respectivas clases de origen. De hecho, solo el punto de vista *desde dentro* facilitará la circularidad de observación necesaria para redactar un documento como ese, con características finales, sea de una clase o de una persona.

»No voy a decir nada nuevo si afirmo que los libros de José Donoso son también, en el contexto de las circunstancias objetivas y subjetivas de la historia social y política de Chile y de sus clases alta y media en los últimos cuarenta años, una mirada *desde dentro.* Por eso mismo es una mirada nada complaciente, sin piedad, que no se deja en ningún momento distraer por las seducciones evanescentes con que suelen adornarse las decadencias, siempre fácilmente novelables. Aunque sea tan apasionadamente romántico el temperamento del escritor y, tal vez, el del hombre. Creo que es exacto decir que en Donoso coexisten, aunque no pacíficamente, el realismo de una razón que se mueve en línea recta en dirección a la fría objetividad y el romanticismo convulso de un sentimiento desesperado de la realidad. El resultado es la obra trascendente y vertiginosa a la que hoy rendimos homenaje.

»Antes he dicho que la obra de José Donoso analiza, a través de la literatura, la situación social y política de Chile en los últimos decenios, centrada particularmente en sus clases media y alta. Podría ser, en su conjunto, y de ninguna forma es restrictivo decirlo de esta manera, una obra construida según los patrones fundamentales de un realismo crítico que, además, encuentra su realización plena, por ejemplo, en la novela *Este domingo.* La obra de Donoso (me refiero a su conjunto) no necesitaría nada más para ser importante, pero le faltaría la dimensión de vértigo y trascendencia, mutuamente potenciados, a la que ya me he referido. Vértigo y trascendencia son, pues, según esta forma de entenderlos, los factores valorativos superiores que han concedido a la obra de José Donoso su carácter eminentemente singular.

»Sin embargo, atención, el vértigo no le adviene de laboriosas experimentaciones formales en el dominio del lenguaje, a las que, efectivamente, no recurre, aunque se deba destacar lo que hay de decididamente revolucionario en su trabajo sobre las estructuras externas de la novela. La trascendencia tampoco deberá entenderse aquí como una presencia metafísica, insinuada o explícita, de cualquier especie. En las novelas de Donoso Dios no existe, o existe tanto menos cuanto más lo mencionan o invocan. Este vértigo y esta trascendencia son solo humanos, terriblemente humanos. El vértigo del hombre donosiano lo causa la descarnada observación de sí mismo; la trascendencia es el espejismo producido por la conciencia obsesiva de su propia inmanencia.

»No deberá sorprendernos, por lo tanto, que predomine en Donoso una atmósfera narrativa de raíz expresionista, mucho más acentuada, en mi opinión, que las tonalidades esperpénticas igualmente presentes en su obra. La extraordinaria novela que es *El obsceno pájaro de la noche* tiene en el cine, si no estoy demasiado equivocado, un pariente ontológico cercano, como es *El gabinete del doctor Caligari,* de Robert Wiene. No importa que los eventos narrados no tengan nada en común. Pero, en una y otra obra, lo que se muestra es el mismo abismo inmundo y obsceno, un precipicio que atrae al lector y absorbe al espectador, como si estuviesen a punto de precipitarse en el interior infinito de una lente puesta al revés. Los pasillos tortuosos, los patios viscosos, las puertas falsas, las escaleras suspendidas, los dormitorios sonámbulos de la Casa de Ejercicios Espirituales de la Encarnación de la Chimba no están ahí como un modelo a escala reducida del sistema planetario humano, son su propia *suma*. Sucesivamente, como en una *mise en abyme,* el mundo contiene a Chile, Chile contiene a Santiago, Santiago contiene la Casa, la Casa contiene al Mudito, y dentro del Mudito no hay ninguna diferencia entre el Todo y la Nada.

»Cuando, al empezar este intento de análisis, forzosamente breve y seguramente frustrado, después de haber citado las palabras de Judit, me he referido a aquella noche "que parecía ir retomando, una tras otra, cada hora vivida", esbocé lo que me parece que son dos de las principales características del proceso narrativo donosiano: en primer lugar, lo que llamaría igualación y fusión del pasado, del presente y del futuro en una sola, inestable, deslizante unidad temporal; en segundo lugar, como consecuencia lógica extrema, la suspensión, la paralización del propio tiempo. Un lector medianamente atento dirá: "Lo que pasa en *La desesperanza,* desde la llegada crepuscular de Mañungo hasta el momento en que Judit se duerme abrazada a la perra muerta, no puede caber en una noche". Aparentemente, ese lector tiene razón. Sin embargo, tendremos que decirle que la noche de *La desesperanza* no es *su* noche, sino otro tiempo en el que las horas, los minutos y los segundos como que se expanden y se contraen en una misma palpitación, en un modo que se diría intuitivo de solucionar la contradicción que parece existir: la percepción de un contenido que, a cada momento, se reconoce más grande que su propio continente.

»Con una ambición que deja muy atrás la de Josué, que detuvo el sol por espacio de casi un día para poder vencer la batalla, Donoso para el tiempo para hacer el inventario del mundo. Ese habría sido el décimo trabajo de Hércules, si la vocación del semidiós no fuesen sobre todo manifestaciones directas de fuerza bruta. Añadamos que no faltan motivos para creer que el mundo griego clásico estaría mucho menos poblado de detritus que el nuestro... Os preguntaréis: ¿por qué una referencia aparentemente más vinculada con la ecología que con la literatura? Precisamente porque la humanidad, por cuando y donde quiera que se hubiese dispersado, ha cubierto y continúa cubriendo el mundo, no solo con nobles o infames ruinas materiales, sino con los restos mentales resultado del paso de las generaciones; no solo aquello que llamamos basura y desperdicio, sino también los despojos de las doctrinas, de las religiones, de las filosofías, de las éticas que el tiempo ha desgastado hasta convertirlos en vanos. De los sistemas desmantelados por otros sistemas y que otros sistemas han de desmantelar. De los cuentos, de las fábulas, de las leyendas. De los amores y de los odios. De las costumbres obsoletas. De las convicciones profundas repentinamente renegadas. De las esperanzas muertas y renacidas. De las felicidades posibles, y otras inesperadas. En fin, los restos de Dios y los restos del Diablo. Y también el cuerpo —por favor, no nos olvidemos del cuerpo—, lugar de todo placer y de todo sufrimiento, principio y fin reunidos, conviviendo el uno con el otro en cinco litros de sangre y un kilo y medio de cerebro.

»El inventario de la Casa es, pues, el inventario del mundo. Así como en *La desesperanza* tenemos dificultad en conceder que todos esos actos y palabras quepan en las pocas horas que se cuentan entre un crepúsculo y una alborada, también diríamos que en la Casa de *El obsceno pájaro de la noche,* por enorme, por desmesurada que sea, una arquitectura tan demencial como la de *El gabinete del doctor Caligari,* sería imposible una acumulación semejante de seres que intentan mantener el equilibrio en el pasadizo entre la vida y la muerte, de objetos de una variedad e inutilidad infinitas. Ahora bien, esa acumulación no solo no es imposible, sino que desde el punto de vista de José Donoso es de una lógica impecable. Bajo las camas de las viejas, en los mil desvanes de la Casa, en las buhardillas y en los sótanos, en los armarios insondables, debajo de montañas de trapos, lo que se oculta es un mundo que estaba por inventariar y explicar, un mundo de seres y de restos donde faltaban por colocar todos los nombres, por definir todos los atributos, hasta la extenuación. Y como para ello no serían suficientes ni una ni muchas vidas, pues cada una de ellas añadiría, a su vez, restos a los restos, no tuvo José Donoso otro remedio que detener el tiempo, subvertir su duración, operar simultáneamente, en Santiago y en la Casa, con los husos horarios de todo el circuito del mundo... Lo que equivale a decir que el lector atento no tenía razón. De lo máximo a lo mínimo, todo el universo está presente en el segundo en que pronunciemos la palabra que lo dice. Como la Casa, las viejas, el Mudito...

»Y ahora ha llegado el momento del vértigo absoluto, cuando lo que está encima es igual que lo que está debajo; cuando no hay más norte, ni sur, ni este, ni oeste; cuando los ojos miran por encima del alféizar y no contemplan más que la ausencia de sí mismos. La última Vieja, la que no tendrá nombre, se echó al hombro el saco hecho con mil sacos, la arpillera recosida de arpilleras donde fue encerrado el Mudito con todos los detritus de la Casa, con todos los restos del mundo, y atravesó la ciudad en dirección al río, imagen del tiempo que por fin empieza a moverse. Se sentó al lado de una hoguera desfallecida, tiró a la débil llama papeles, desperdicios, pero el fuego reavivado durará poco. Entonces, "la vieja se pone de pie, agarra el saco, y abriéndolo lo sacude sobre el fuego, lo vacía en las llamas: astillas, cartones, medias, trapos, diarios, papeles, mugre, qué importa lo que sea con tal que la llama se avive un poco para no sentir frío, qué importa el olor a chamusquina, a trapos quemándose dificultosamente, a papeles. El viento dispersa el humo y los olores y la vieja se acurruca sobre las piedras para dormir. El fuego arde un rato junto a la figura abandonada como otro paquete más de harapos, luego comienza a apagarse, el rescoldo a atenuarse y se agota cubriéndose de ceniza muy liviana, que el viento dispersa. En unos minutos no queda nada debajo del puente. Solo la mancha negra que el fuego dejó en las piedras y un tarro negruzco con asa de alambres". Cosido y atado por todos lados, el saco en el que fue aprisionado el Mudito es, si lo he entendido bien, la metáfora de la prisión del propio mundo. Cuando el tiempo, por fin, se ponga en movimiento y abran el saco, y lo que contenía —todo— salga fuera, entenderemos, resignados, que la vida no es sino una promesa de cenizas.

»Años después, José Donoso escribiría una novela titulada *La desesperanza,* pero la desesperanza, la desesperación, ya eran esto. Pero no le echemos la culpa al autor de *El obsceno pájaro de la noche.* Como otros grandes autores —Dostoievski y Kafka son ejemplos de esa particular relación con *la durée*—, Donoso *solo* detuvo el tiempo... Él nos dirá si lo hizo para que tuviésemos tiempo de pensar si somos verdaderamente humanos. ¿Lo pensamos? ¿Lo somos?»

4 de febrero

Madrid. Lleno en el Círculo de Bellas Artes para la presentación de la traducción española de *Todos los nombres.* Han subido al escenario la actriz Pilar Bardem, para leer con intención y tono ajustado algunos fragmentos de la novela, la escritora Almudena Grandes, para comentar la obra, otra Pilar, la mía, la del Río y Saramago, para discurrir sobre las alegrías y los tormentos de traducir con el autor mirando por encima del hombro, y Juan Cruz, que oficiaba. Y también, claro está, en el medio como un jarrón de flores, el agradecido beneficiario de la reunión de todas estas personas, es decir, yo mismo. He dicho que Almudena Grandes comentaría el libro, pero la verdad es que lo más sustancial de su intervención no ha llegado al conocimiento del público, porque, llevado por la vehemencia con que siempre ejerce de moderador, Juan Cruz adelantó que el debate ganaría en vivacidad si ella no leyese lo que llevaba escrito y opinase de forma improvisada.

Y así se hizo, pero, aunque no se haya comentado una vez terminada la sesión, no cuesta nada entender que Almudena habría preferido leer las palabras que había escrito sobre el libro de un compañero y amigo. Esa es una buena razón (no faltarían otras) para que transcriba aquí un fragmento de su pertinente reflexión. Aquí está:

«El señor José, escribiente en la Conservaduría General del Registro Civil, tiene tanto en común con el Bartleby de Melville que la comparación resulta obligatoria. Sin embargo, a mí me recuerda más a otra criatura literaria, a mi personaje favorito de una de mis novelas favoritas, el irresistible mister Wemmick, empleado en el despacho de un gran abogado en *Grandes esperanzas,* de Dickens. Pip, el protagonista, va descubriendo, de sorpresa en sorpresa, que ese hombrecillo manso y servil que se pasa las horas encerrado en un cubículo, sin ver casi la luz del sol, tiene un sueño, y está dispuesto a llegar muy lejos para alcanzarlo. Este es el principal punto en común entre el mister Wemmick de Dickens y el señor José de Saramago, y el trazo que convierte a ambos en personajes inolvidables. Claro que el escribiente inglés tiene más suerte. Tiene una casa, un cañón de juguete que dispara una salva minúscula para señalar el nacimiento de cada hora, tiene un padre, tiene un amor. Pero el señor José, siendo menos afortunado, está absolutamente a la altura de su espíritu, y lo que determina su grandeza es, sobre todo, la escasez de la suerte que le ha tocado. Cuando la vida le hace una señal, cuando mueve sus dedos invisibles en el aire para reclamarlo por primera vez después de tantos años, don José no solo se pone de su parte con toda la pasión que es capaz de aunar, sino que también lucha con todas sus fuerzas para que la vida derrote a la muerte, imponiéndose al olvido que esta representa. Porque en las páginas de esta novela la Conservaduría General del Registro Civil es mucho más que un edificio, que una intrincada red de pasillos y archivos, más que un universo de papel viejo y tinta pálida, desvaída. Símbolo de la propia muerte, las peripecias del señor José la consagran como el lugar donde se institucionaliza el olvido, siguiendo estrictísimas reglas que excluyen cualquier emoción, cualquier vestigio de humanidad, cualquier memoria de la vida verdadera.»

Almudena Grandes había escrito dos páginas así, densas, tejidas con observaciones tan certeras como estas, que a Juan Cruz seguro le habría gustado oír, de haber sabido lo que contenían... Queda aquí esta muestra, con mi gratitud.

5 de febrero

Compañero infalible, Juan Cruz nos acompaña a Barcelona para la presentación de la novela. De la lectura de textos, excelentemente realizada, se ha encargado la actriz Mercedes Sampietro. En cuanto a la inevitable laude, la palabra ha pertenecido a Manuel Vázquez Montalbán y ha sido, como no podría esperarse de otra forma, un ejemplo de agudeza perceptiva que la amistad y la generosidad han tenido el cuidado de no oscurecer. Júzguese:

«*Ensayo sobre la ceguera* introduce en el Saramago actual, en busca de un discurso en el que Vida, Historia y Muerte se hacen parsimonia expositiva, como si el escritor se autoconcediera un tiempo sin límites de exposición literaria, en contradicción con los límites biológicos e históricos. Puede decirse incluso que Saramago parece alejarse de la esperanza laica, de la Historia, del optimismo histórico pero forcejeando, tratando de no rendirse ante la tendencia al pesimismo biológico. *Todos los nombres* me parece una de las obras más reveladoras de la relación ética-estética en el actual Saramago. Vida, mundo, tiempo, espacio encuentran en esta novela el plutónico referente del archivo donde todo está escrito.

»El protagonista busca y rebusca en la geometría hilada del archivo de la Conservaduría General del Registro Civil concebido como un universo de archivos o como el universo archivado, materialización de la relación del espacio con el tiempo, el uno y el otro embalsamados. Si para Borges el Universo era o merecería ser una Biblioteca, Saramago nos propone que sea la Conservaduría General del Registro Civil, con dos sujetos dominantes: el jefe y don José, el llamable probo funcionario, de la estirpe de los funcionarios decimonónicos pasado por la náusea del autodidacta y la indeterminación de Josef K. Saramago se recrea en la reconstrucción de una novela de oficinistas en atmósfera decimonónica, como buscando una escenografía falsamente naturalista, una escenografía enterrada, sepultada, prekafkiana, uno de los mayores logros del libro. Si en la novela ensimismada de los años sesenta y setenta los protagonistas tardaban treinta páginas en subir una escalera y cuarenta en abrir una ventana, en *Todos los nombres* don José tarda cuarenta en abrir una carpeta, desde la íntima satisfacción de propietario de la memoria de las vidas de todos en sus datos más obvios. El lector se ve sometido a la intriga del desvelamiento esperado y asume la aproximación hasta que llega a la luminosidad de la noticia de una mujer que va a llevar a don José y al lector fuera del Registro, tal vez con la esperanza de salir del laberinto. Ya hay que decir que si la metáfora del mundo es la Conservaduría, el laberinto es la de la vida. Tal vez esa mujer que llama a don José desde la sustancia misma de un papel enmohecido sea Ariadna ofreciéndole el hilo redentor.

»El laberinto interior está separado del exterior por la piel, pero Valéry escribió que lo más profundo en el hombre es la piel. Don José, Saramago mismo, piensa que no tomamos decisiones, sino que las decisiones nos toman a nosotros. He aquí la primera presencia de Beckett: "Esto no es moverse, esto es ser movido". En sus recorridos en pos de la construcción de una mujer real, don José la está deconstruyendo, porque la indagación le llevará a la muerte, dentro de los dos hemisferios separados de la Conservaduría del Registro Civil, el de los muertos y el de los vivos.

El jefe, sabedor de todas las pequeñas, angustiosas transgresiones que don José ha tenido que perpetrar para atravesar el sutil tabique que separa la vida de la muerte, le propone contemplar los dos hemisferios como uno solo.

»En una patética escena casi final, la indagación le permite escuchar la voz de la mujer buscada en una banal grabación de contestador telefónico. El protagonista confiesa haberse quedado sin pensamientos y la voz de la cinta es la segunda aportación de Beckett, el referente de *La última cinta de Krapp*. La vida está grabada, solo grabada, y apenas tiene sentido alrededor de esa voz. Novela de intriga morosa al paso lento de un funcionario. Novela, literatura de amor, toda la de Saramago, por encima de lo sensorial y los cuerpos concretos: se trata de construir un mito emocional con la parsimonia de un burócrata incapaz de asumir que su angustia se llama angustia. O el lector asume ese tiempo moroso, identificación de la relación del tiempo y el espacio embalsamados, o no entrará en el laberinto y su metáfora.»

Mejor que esto sería difícil decirlo. Pero, por amor a la verdad, queda aquí jurado y más que jurado que no he puesto nunca los ojos en *La última cinta de Krapp* y que no recuerdo haber leído nunca en Beckett la frase sobre «mover» y «ser movido»... No fueron más que coincidencias, no referencias, aunque la mera posibilidad de que lo hubiesen sido añade valor a esas coincidencias. Si se me permite la presunción...

6 de febrero

Ya que estaba en Barcelona para presentar el libro, decidí matar dos pájaros de un tiro: fui al Centro Barraquer para que me viesen en profundidad el estado de la catarata del ojo derecho, que ha venido aumentando, lenta pero segura, desde que el querido y añorado André Mâncio dos

Santos, en el viejo Instituto Gama Pinto, encontrara la primera y muy tenue opacidad. El Centro Barraquer es moderno, funcional y disciplinado, una colmena intensa pero silenciosa adonde acuden diariamente más de mil personas que van de una consulta a otra, de un médico a otro, de un aparato a otro, como si todo y todos formasen parte de una cadena de montaje. Me dijeron que aún es pronto para extraerme el cristalino, la catarata tiene que madurar unos dos o tres años más. Y sentí también mi orgullo patriótico henchidísimo cuando la médica que me observaba comentó que de la operación de desprendimiento de retina (realizada por el doctor Mâncio hace ya ocho años) solo podía decir lo mejor, que había sido un trabajo perfecto. Después, mientras nos tomábamos un chocolate en el café Mozart, que está al lado del Centro, Pilar y yo recordamos las angustiosas horas de 1990, cuando vine de Roma a toque de corneta, con el ojo tapado y la retina desprendida «de las nueve a las dos», para ingresar de urgencias en el humilde Gama Pinto de la Rua do Passadiço, donde me estaban esperando las manos sabias del doctor Mâncio y su extraordinaria bondad.

12 de febrero

Otra vez Madrid. Una bellísima exposición de fotografías de Helena Almeida en la Casa de América. Mi fibra patriótica, que el tiempo, las desilusiones y las brutas lecciones de la historia general y los desconciertos de la patria todavía no han conseguido desgastar del todo, ha vibrado feliz y orgullosa durante toda la visita. Algunas personas se han dirigido a mí para felicitarme. La artista no estaba presente, así que le daban la enhorabuena al portugués que tenían a mano...

13 de febrero

Ya estábamos cerca cuando el comandante del avión avisó a los pasajeros de que el aeropuerto de Lanzarote estaba cerrado como consecuencia de la calima, esa niebla parda que no se compone de humedades, sino de minúsculas arenas del desierto sahariano que viajan por el aire y, con deplorable frecuencia, vienen a turbar el cielo de las islas orientales de las Canarias. A veces la visibilidad se reduce tanto que los aviones se ven obligados a buscar sitios más seguros para soltar su carga, por lo general el aeropuerto de Gran Canaria. En este caso no sería necesario ir tan lejos, el de Fuerteventura todavía se encontraba abierto, allí la calima no era tan espesa como en Lanzarote, que, desde lo alto, mirando por las ventanillas del avión, sencillamente no se veía. Había una enorme confusión en la terminal, pero yo viajaba ligero de equipaje; pude esquivar las aglomeraciones de turistas y la difícil circulación de los carros para acudir al teléfono más cercano y avisar a Pilar de que su marido había sido desviado a otro aeropuerto. Ahora ya solo me quedaba esperar tranquilamente a que acabase de organizarse la caravana de autobuses que llevaría a los pasajeros a Corralejo, desde donde el barco de línea me devolvería a Lanzarote. Pero la tranquilidad no duró mucho; se me cayó el alma a los pies, desamparada. Había olvidado en la cabina telefónica la cartera en la que llevo los documentos de viaje, pasaporte, billetes, tarjetas de compañías aéreas, tarjetas para llamar, algo de dinero... No era la primera vez que me pasaba, ni sería seguramente la última. Extraigo meticulosamente la cartera del maletín, la pongo bien derecha en la balda de la cabina, exactamente delante de mis narices, no vaya la mala suerte a hacer que se me olvide, meto la tarjeta en la ranura, marco el número, hablo, oigo, termino la llamada, y después (si no la he dejado allí...) saco la tarjeta y sigo con mis quehaceres como si nada anormal hubiera pasado, abandonando los preciosos salvoconductos a la curiosidad o la codicia del primero que llegue. He recogido el alma del suelo y he echado a correr hacia la cabina como un desesperado, pero la cartera había desaparecido. Supongo que quien me viera en aquel momento pensaría que la dirección del aeropuerto de Fuerteventura había decidido erigir una estatua que representase la Desolación, inspirada, quizá, en el conocido abatimiento del pasajero frustrado que pierde el vuelo en el último minuto. Yo no había perdido el vuelo, había perdido la cartera, y entre perder uno y otra, que viniese el Diablo a elegir. Aturdido, sin saber cómo salir del aprieto, tardé en darme cuenta de que dos bultos humanos que estaban parados a diez metros de mí eran dos guardias civiles. Con pocas esperanzas, solo porque no podía seguir haciendo de estatua de la Desolación, me dirigí a ellos y les pregunté si por casualidad tenían noticia de una cartera marrón olvidada en aquel teléfono, sí, aquel de allí. Los guardias civiles sonrieron de buena gana y uno de ellos dijo: La ha encontrado una señora de la limpieza, venga conmigo. Me llevó a la sección de objetos perdidos; allí estaba la cartera. La abrió, sacó el pasaporte y me preguntó mi nombre. Correcto, ha tenido mucha suerte, ha dado con una persona formal, dijo. Se lo agradecí y fui a sentarme en mi sitio en el autobús para Corralejo mientras deseaba que, en el futuro, todos los objetos que se pierdan en el aeropuerto de Fuerteventura los encuentre la misma señora de la limpieza u otra tan formal como ella.

15 de febrero

Le he puesto el título de «El gladiador inmóvil» a la nota de lectura que he escrito para *El Mundo* sobre el libro que acaba de publicar Francisco Umbral sobre Ramón del Valle-Inclán. Aquí está:

«Mírense con atención las fotografías de la seductora sobrecubierta que envuelve *Los botines blancos de piqué*, primero la de Valle-Inclán, después, dando la vuelta al libro, la de Francisco Umbral. Para apreciar mejor el efecto, deberá retirarse y abrirse la sobrecubierta en toda su amplitud: se verá entonces cómo las dos imágenes son el espejo la una de la otra. Y no solo el espejo, no solo el mero reflejo óptico, sino un juego de preguntas y respuestas, una dialéctica de simetrías, una lectura de estímulos mutuos. Valle-Inclán, en el momento en que lo fotografiaron, miraba de frente el espacio de una ausencia, de una no-presencia; el espacio donde, setenta u ochenta años después, miméticamente, se sentaría Umbral. Véase cómo uno y otro cruzan la pierna derecha sobre la izquierda; véase cómo la mano visible de Umbral simula marcar la página donde habría interrumpido la lectura; véase cómo la única mano de Valle-Inclán descansa (¿descansará?) sobre un libro abierto; véase cómo la bufanda blanca de Umbral ocupa, en la composición del díptico, precisamente el lugar de la manga vacía de Valle.

»La representación (de eso se trata) no es gratuita. Umbral está allí en *representación* de Valle-Inclán, y Valle-Inclán (su imagen) se confronta con una de las *presentaciones* posibles de la deliberada teatralización que fue su vida. Voluntad de dandismo llama Umbral a la operación de espíritu que hace que se sobreponga a una personalidad *natural* (¿existirá semejante fenómeno?) una personalidad *artificial* (¿no será eso que llamamos personalidad una autoconstrucción continua del sujeto y, por lo tanto, e inevitablemente, un *artificio*?). En el sentido restringido como se presenta la cuestión, yo preferiría, tal vez, adoptar una definición más amplia, la de S. M. Greenfield, cuando se refiere a la "teatralidad personal" de Valle-Inclán: en todo caso, me apresuro a aclarar, bajo la fundamental reserva de que si el *dandismo* no puede dejar de ser, forzosamente, una forma de *teatralidad*, la *teatralidad*, por sí misma, nunca será suficiente para alcanzar un estado reconocible de *dandismo*. Parece legítimo concluir de la observación inicial de las dos reveladoras fotografías (que el lector tendrá todo el interés en conservar, evitándoles un uso descuidado...), y después de una lectura atenta del libro, que al definir a Valle-Inclán como dandi, Umbral, aunque no lo haga explícito en ningún momento, está definiéndose también a sí mismo. Lo que probablemente no constituirá una sorpresa para nadie... Aunque (no hay nada más fértil que una contradicción) sea el propio Umbral quien suscite una duda que obligaría a deshacer el camino y volver al principio del pequeño análisis que vengo intentando. En un fragmento de la obra, se pregunta: "¿Qué vino a decir realmente Valle-Inclán?", y en la respiración inmediata nos da la respuesta: "Vino a decirse a sí mismo". Pues bien, si Valle-Inclán, según una opinión generalmente aceptada y difundida por la crítica y por la historia literaria, hizo de su vida el proceso de fabricación de un determinado personaje que quiso ser, ¿qué significa "decirse a sí mismo"? ¿Qué de "sí mismo" estuvo Valle-Inclán "diciendo" en las *Sonatas,* en *Romance de lobos,* en *La guerra carlista,* en *Tirano Banderas,* en *Divinas palabras,* en *Luces de bohemia,* en todas y cada una de las múltiples fulguraciones del caleidoscopio fantástico y a veces fantasmal que es su obra? ¿Cuándo fue Ramón José Simón Valle Peña realmente Valle-Inclán?

»En el mejor y más fecundo de los sentidos, el libro de Umbral es, por entero, tanto por lo que afirma como por lo que niega, provocador en grado sumo, y es en el interior de esa provocación donde nacen estas dudas. Que de algún modo Umbral responde cuando escribe: "La tragedia cotidiana del dandi es que su disciplina interior, su *diferencia,* no la capta nadie o casi nadie. Llega a ser único y la gente no se entera. Hay que mostrar esa unicidad mediante la ropa para que el mundo lea en ella". Ropa, máscara, maquillaje... Destinados a *hacer,* a *construir* el personaje, ¿no estarán tales aderezos, por el contrario, ocultando lo que realmente es *diferente,* aquello o aquel que surge variablemente vestido y que, en definitiva, va invariablemente desnudo y aterrado por saberse así? Cuando Valle-Inclán escribió: "Las cosas no son como son, sino como se recuerdan", tal vez habría que decirle que las cosas son como se recuerdan, pero sin dejar de ser lo que son...

»No me resisto a una observación más. Al principio he hablado de una dialéctica de simetrías, de una lectura de estímulos mutuos o, ahora con palabras más claras, de una interpelación de ida y vuelta, que tanto pasa de Umbral a Valle-Inclán como de Valle-Inclán a Umbral. Sentado en su silla, con sus botines blancos de dandi, la mano pesada asentada sobre el libro, Valle-Inclán interpela de igual a igual a quien de igual a igual lo interpeló, y esa es tal vez la causa profunda de que Umbral vaya proyectando, a lo largo de toda esta obra, súbitas y espléndidas iluminaciones de las que el autor de *La lámpara maravillosa* fue evidentemente el pretexto, aunque ya no el destinatario: serán otros quienes lo aprovechen. Me refiero a pasajes como este: "Una palabra, un adjetivo, una frase, solo son verdaderos y matinales cuando sorprenden a quien los ha escrito. El escritor es el primer lector de sí mismo y, por lo tanto, el primer sorprendido de lo que acaba de escribir". O este: "Hay que escribir con lo profundo de la voz". O este otro: "Todo libro narrativo es un cofre de tiempo que se pone en movimiento en cuanto empezamos o volvemos a leer. El misterio de la novela es que esconde una espiral de tiempo como el faquir esconde una serpiente que de pronto se levanta y ondula".

»Me falta explicar el título de esta breve nota de lectura. Es de Umbral. Y dice así: "El dandismo no es una educación sentimental, sino una educación de gladiador inmóvil. Eso, un gladiador inmóvil es el dandi". Me permito no estar de acuerdo. Pese a la presencia ostensiva de los aderezos, no son de dandis, sino de gladiadores, las imágenes inmóviles de la sobrecubierta de *Valle-Inclán. Los botines blancos de piqué.* Repito: de gladiadores, no de dandis...»

16 de febrero

Hace tiempo, la dirección de la Escuela Secundaria de Mafra tuvo la feliz idea (feliz para mí, claro está) de ponerle mi nombre a la institución que administra y orienta. Me escribieron para comunicármelo (no sé por qué misteriosísimas razones dejé, en su momento, pasar la carta sin registrarla aquí), y yo agradecí reconocido su generosa intención, aunque, en mis adentros, en el llamado fuero interno, no apostase por el éxito de la iniciativa. Mafra será siempre Mafra, y el señor Ministro dos Santos, además de ser su profeta, acumula y ejerce las funciones de delegado del ministerio público, juez y ejecutor de las sentencias fulminantes del tribunal municipal que preside. Mi escepticismo estaba fundado. Según acabo de leer en el *Expresso*, el Ayuntamiento de Mafra se opone higiénicamente a que mi nombre mancille la fachada de la Escuela, haciendo así suya, de modo explícito y sin lugar a dudas, la doctrina de aquel refrán rencoroso que ya le sirvió a Rebelo da Silva como título de una novela: *Odio viejo no cansa...* No se cansará nunca su odio, pero mi desprecio tampoco.

22 de febrero

«Creía yo, ingenuo de mí, que Afonso Domingues había sido arquitecto, Luís de Camões poeta, Camilo Castelo Branco novelista, Soares dos Reis escultor, Domingos Bomtempo compositor, y al final no era verdad. Ellos y todos los demás, de fuera y de dentro, me han estado engañando con esos hermosos títulos, cuando lo que hicieron durante toda su vida estos prácticos sujetos fue invertir: inversión es la Sala del Capítulo del monasterio de Batalha, inversiones son las redondillas de *Sobre los ríos*, inversión es *La brasileña de Prazins*, inversión es *El desterrado*, e inver-

61

sión es, y nada más que inversión, la *Misa de réquiem*. Dentro de unos años es posible que solo podamos encontrar los nombres de esos señores en las páginas de las revistas de economía y finanzas, entre los resultados de Microsoft y las perspectivas de Champalimaud. En el futuro, sirva este ejemplo, no se escribirán Historias de la Literatura Portuguesa, sino Historias de la Inversión Literaria en Portugal. Y los estudiantes usarán sus calculadoras de bolsillo para comprobar el valor de mercado de Jorge de Sena, Eduardo Viana o José Rodrigues Miguéis...

»No piense el lector que esta caricatura me divierte, ni mucho menos que hoy me ha dado por distraerlo con fantasías. La realidad será peor. ¿Sabe acaso el lector lo que es el Acuerdo Multilateral sobre la Inversión (o AMI, por cumplir el precepto de reducir todo a siglas)? El AMI es un tratado mundial actualmente en negociación en el marco de la OCDE (la Organización para la Cooperación y el Desarrollo Económico), y que tiene como finalidad la liberalización total del mercado, es decir, la libre circulación de capitales, la liberalización de las inversiones y la protección de las inversiones extranjeras. Este tratado, en paralelo a su objetivo de multilateralización sistemática de los acuerdos bilaterales, pretende conceder a los inversores extranjeros en un país miembro de la OCDE las mismas protecciones de las que disfruten los inversores nacionales. El campo de aplicación del AMI abarcará la propiedad literaria y artística, transformándose así el autor en un inversor como cualquier otro y considerándose como inversiones su obra y sus derechos. A los ojos del AMI, y para hacernos una idea clara del asunto, cuando nuestro Camões salvó del naufragio el manuscrito de *Los Lusiadas,* estaba salvando su inversión, nada más...

»Las consecuencias de este "tratado de tratantes" no caben en un artículo como este, y menos aún en la competencia científica de quien se ha atrevido a escribirlo, obligado, como se observa, a usar dos idiomas que conoce mal: el financiés y el economiqués. Pero, aun así, es posible desenredar de la telaraña y poner negro sobre blanco algunos de los efectos más desastrosos de la entrada del AMI en las vidas de los artistas y escritores. Tomen nota: a) las obras de los países no miembros de la Unión Europea podrían beneficiarse de la protección de setenta años, pero las obras europeas no tendrían la misma protección en los países no miembros; b) un pintor norteamericano cobraría una remuneración en Portugal por la venta de un cuadro suyo, pero un pintor portugués no recibiría ningún derecho de los Estados Unidos; c) si Portugal estableciese un acuerdo con otro país para coproducir películas, los productores norteamericanos (ya sé que no lo necesitan, pero la cuestión no es esa) podrían reclamar los mismos apoyos; d) todos los programas europeos de ayuda a la creación estarán abiertos a todos los países que no forman parte de la Unión Europea; e) el productor que posea los derechos de una obra pasará a poder explotarla sin pedir autorización al autor (persona física) y sin atender a su derecho moral; f) la adhesión a sociedades de gestión colectiva para el cobro de derechos de autor podrá ser considerada como expropiación de un modo individual de ejercicio de derecho. Los puntos podrían seguir, al menos hasta la letra z...

»Se trata, como es visible, de reducir a mercancía las obras literarias y artísticas; se trata de abolir el concepto de *derechos de autor* en beneficio del *copyright;* se trata de diluir en un supuesto multiculturalismo universal las propias identidades, hasta su extinción. Antiguamente, en las procesiones religiosas indias, cuando pasaba el gran carro de Shiva, había personas que se arrojaban bajo las ruedas y morían aplastadas. El AMI es también un carro gigantesco, y sin frenos. Pero lo peor, lo peor de todo, es que nos están empujando debajo...»

25 de febrero

Madrid.

26 de febrero

Coloquio en el Instituto Cervantes.

28 de febrero

Después de haber participado anteayer en un coloquio del Instituto Cervantes, en Lisboa, he subido al norte para cumplir con la ya habitual peregrinación a la Feria del Libro de Braga. Jorge Cruz y José Manuel Mendes me piden que vaya; yo hago como que me resisto, argumentando que los bracarenses ya deben de estar hartos de verme y oírme, siempre la misma cara con algo menos de pelo y algunas arrugas más, siempre el mismo discurso, que si ya va cansando a quien lo dice, qué le hará a quien intenta escucharlo; pero ellos insisten, insisten, y yo acepto ir, con unas ganas enormes de pedir que perdonen la molestia y de prometer que a la próxima no vuelvo... Me he encontrado con José Manuel Mendes, que me ha contado el programa que me esperaba mientras nos tomábamos un café. Después le he echado una ojeada al *Expresso;* como quien se castiga, les he tomado el pulso a los politiquillos y a las politiquerías que infestan el cuerpo y el espíritu de la patria como una plaga de saltamontes. Y en esto estaba, desahogando la irritación entre dientes, cuando me he encontrado con una noticia a todas luces admirable. Se anunciaba, con toda la seriedad de este mundo, que en la inauguración del puente Vasco da Gama se dará una comida para quince mil personas, repartidas a lo largo de la plataforma, y que ese magno acontecimiento está destinado a entrar en el Guinness por la puerta grande... Como se han acabado los catetos (basta dar una vuelta por la región que fue suya para comprobar que la celebrada y graciosa especie ha desaparecido del paisaje), ya podremos emplear la palabra catetada, o mejor, catetez, sin ofender a nadie. Para distraernos del disgusto, hemos salido del café para ir al Campo da Vinha con el objetivo de ver el resultado final de las obras que ha habido allí durante largos meses, y ¿qué es lo que he visto? Un edificio despegado en medio de la plaza, encogiendo su dimensión y cortando la perspectiva, así del tipo como la pirámide de cristal en el Louvre, mal comparado, y con los mismos efectos desastrosos. «¿Qué te parece?», me ha preguntado José Manuel Mendes. «Una auténtica catetez», le he respondido. Y él, triste por ser de esa Braga: «Sí, la verdad es que es una catetada».

1 de marzo

Lanzarote. El taxista que me lleva del aeropuerto a casa me pregunta si vengo de Portugal. Le respondo que sí. Después quiere saber si por casualidad conozco a un pintor llamado Pablo Laboré. Que no, que no lo conozco. Por el nombre parece español, pero no lo conozco. ¿Y de otros países? Tampoco, el nombre no me dice nada. Entonces el taxista se explica: «Tengo treinta y un años y hasta ahora nunca me había pasado soñar con un nombre. Hace dos noches soñé con este. Como usted trae un cuadro —era verdad, llevaba una pintura de Helena Santos, comprada en Braga—, y no es la primera vez, ya lo he visto, he pensado que sería pintor y podría conocerlo». Le dije que no soy pintor, sino escritor, y él, dejando de lado al Pablo Laboré del sueño, me pregunta: «De los libros que ha escrito, ¿cuál es el que más le gusta?». Respondo cualquier cosa, digo un título o dos por complacerlo, y él continúa: «He leído *Los versos satánicos,* pero no he entendido nada». Lo consolé: «No se preocupe, a mí también me ha pasado leer y no entender lo que leo». «Había una mariposa, pensé que sería una metamorfosis. ¿Usted qué cree?» La casa estaba cerca, era mi salvación: «Dé la vuelta a la rotonda, es aquí». Le contaré esta historia a Salman Rushdie la próxima vez que nos veamos.

2 de marzo

Dice Ray-Güde Mertin que le llueven desde Los Ángeles preguntas de productores de cine (son ya ocho o nueve, me dice) que quieren saber si están libres los derechos de *Ensayo sobre la ceguera*. Como el libro todavía no ha salido a la luz en Estados Unidos, el motivo del repentino y arrebatado interés (no creo que en aquellos parajes californianos se lean periódicos ingleses) debe de haber sido el catálogo de Harcourt Brace, que más que probablemente se habrá excedido en la elocuencia publicitaria... En fin, el cine ataca de nuevo. ¿Tendré fuerzas para resistirme? Por meras razones de simpatía (no fui capaz de decir que no a Yvette Biro) ya se me fue de las manos *La balsa de piedra*, pero juro por los dioses de todos los cielos y olimpos que nadie tocará el *Ensayo sobre la ceguera*.

3 de marzo

Presentación de *Todos los nombres* en Lanzarote.

7 de marzo

Guadalajara (México). Los murales de Orozco en el Hospicio Cabañas y en el Palacio de Gobierno. El aviso de la emigración...

8 de marzo

Han empezado las entrevistas...

9 de marzo

Más entrevistas. Padre António Vieira. Difícil entrada en el asunto. Me ha venido bien el «Sermón de San Antonio a los peces», recitado por José Carlos Ary dos Santos...

10 de marzo

Entrevistas. Camilo Castelo Branco. Interés.

11 de marzo

El Parlamento Internacional de Escritores me pide que sea su representante en la firma del acuerdo que hará de México DF una ciudad refugio.

El escritor de hoy ha sido Eça de Queirós. Interés.

Por la noche, en el Teatro Degollado, presentación de *Todos los nombres,* con la participación de Fernando del Paso y de Roberto Castelán. Danza con momentos magníficos. Flores... En fin, homenaje. Todo esto me parece increíble.

12 de marzo

Fernando Pessoa. Lectura de poemas.

13 de marzo

Conferencia: «La ilusión democrática». Presentación de Carlos Fuentes. Cena en la Casa Julio Cortázar, ofrecida por el rector de la Universidad. Conversación a la mesa: la muerte (estamos en México).

14 de marzo

Viaje a San Cristóbal de Las Casas. Encuentro nocturno con los obispos Samuel Ruiz y Raúl Vera y con Gonzalo Ituarte. Antes hablé en una asamblea. Si la palabra de un escritor sirve para algo, mi palabra es vuestra.

15 de marzo

Cumpleaños de Pilar. Viaje a Acteal y Polhó. Los controles militares de la carretera. El campamento militar. Por la noche: la entrevista a Felipe González en la televisión... Los acompañantes: Sealtiel Alatriste, Carlos Monsiváis, Ana Tagarro, Laura Lara, Hermann Bellinghausen... Salida hacia México DF.

17 de marzo

Colegio Nacional. Empiezan las conferencias sobre la nueva geografía de la novela. Presentación de Carlos Fuentes. Nélida Piñon. Cena en la embajada de Brasil.

18 de marzo

J. M. Coetzee. Mi conferencia en el ciclo: «Una nueva geografía de la novela». ¿Tal vez una nueva novela...?

19 de marzo

Museo de la Ciudad de México. Firma del acuerdo con el Parlamento Internacional de Escritores que instituye a México DF como ciudad refugio. Cuauhtémoc Cárdenas. Lectura en la UNAM. Juan Goytisolo. Susan Sontag.

20 de marzo

Entrevista Ricardo Rocha. Entrevista Cristina Pacheco. Cena en casa de Carlos Fuentes.

21 de marzo

Conferencia de Gabriel García Márquez. Comida: Gabriel/Mercedes, Fuentes/Silvia, Cebrián/Teresa, Mutis/ Mireia.

22 de marzo

Manifestación en el Ángel de la Independencia. Compras en el mercado de La Ciudadela.

23 de marzo

Teotihuacán. Fiesta de Carlos Fuentes.
Aniversario de *La región más transparente.*

24 de marzo

Reunión con Francisco Labastida, secretario de Gobernación. Entrevista con Sealtiel en casa del arquitecto Barragán. Salida.

25 de marzo

Carreras para coger el avión a Lanzarote.

27 de marzo

Artículo para *Visão*. Título: «La guerra del desprecio». «El brazo derecho del indio Jerónimo no se puede levantar porque tiene completamente destrozada la articulación del hombro. La mano derecha del indio Jerónimo es un muñón sin dedos. No se sabe qué hay bajo la venda que le envuelve el antebrazo. El lado derecho del tronco del indio Jerónimo presenta, de arriba abajo, una cicatriz ancha y profunda que parece partirle el cuerpo en dos. Los ojos del indio Jerónimo me preguntan qué hago allí. El indio Jerónimo tiene cuatro años y es uno de los supervivientes de la matanza de Acteal. No soporto ver ese brazo, esa mano, esa cicatriz, esa mirada, y me doy la vuelta para que no se dé cuenta de que voy a llorar. Ante mí, velada por las lágrimas que me queman los ojos, está la fosa común donde se encuentran, en dos filas paralelas, los cuarenta y cinco muertos de Acteal. No hay placas con nombres. Tuvieron un nombre mientras vivieron; ahora son, sencillamente, muertos. El hijo no sabría decir dónde están sus padres, los padres no sabrían decir dónde está su hijo, el marido no sabe dónde está su mujer, la mujer no sabe dónde está su marido. Estos muertos son muertos de la comunidad, no de las familias que la constituyen. Sobre ellos se está construyendo una casa. Mañana, un día, en las paredes que van poco a poco levantándose, veremos las imágenes posibles de la carnicería, el enterramiento de los cadáveres, leeremos por fin los nombres de los asesinados, algún retrato, si lo tenían. Bajo nuestros pies estarán los muertos.

»Con mucho trabajo, bajamos al barranco donde se escondieron las víctimas, huyendo de la agresión de los paramilitares que bajaban la ladera disparando. La iglesia, un simple barracón de tablas en bruto, sin adornos, ni siquiera una cruz tosca en la fachada, donde los indios, desde tres días antes, estaban ayunando y rezando por la paz, tiene marcas de balas. Desde allí se escaparon despavoridos los tzotziles de Acteal creyendo poder encontrar refugio más abajo, en un entrante del terreno escarpado. No sabían que se habían metido en una ratonera. La horda de los paramilitares no tardó en descubrir aquel montón informe de mujeres, hombres y niños, decenas de cuerpos temblorosos, de rostros angustiados, implorando misericordia con las manos levantadas. (Ay de nosotros, el acto de apretar un gatillo se ha hecho tan habitual en nuestra especie que hasta el cine y la televisión ya nos dan lecciones gratuitas de ese arte a cualquier hora del día y de la noche.) Sobre el mísero nudo humano que se retorcía y gritaba, los paramilitares lanzaron, gustosos, ráfagas y ráfagas, hasta que el silencio de la muerte respondió a los últimos disparos. Algunos niños (¿quizá el indio Jerónimo?) escaparon a la matanza quedándose bajo los cuerpos acribillados. A solo doscientos metros de allí, cuarenta agentes de la Seguridad Pública, dirigidos por un general jubilado, oyeron el tiroteo y no dieron un paso, no hicieron un gesto, aunque sabían lo que estaba pasando. Fue tal la indiferencia de esas autoridades que ni siquiera cortaron el tráfico en la carretera que pasa por Acteal, a poca distancia del lugar del crimen múltiple. La complicidad de las diferentes fuerzas armadas mexicanas con los paramilitares vinculados al partido del Gobierno, por su evidencia, no necesita mejor demostración.

»En el municipio indio de Chenalhó (léase Chenal-hó), donde se encuentra el poblado de Acteal, se mezclan las historias personales y familiares, políticas y sociales. "Zapatistas" y "priistas" tienen parientes y amigos en el otro bando, y no es raro que las vejaciones recíprocas destruyan los afectos. Los desplazados, brutalmente barridos de un lado a otro, provienen de la destrucción de las pequeñas aldeas en que vivían, de la falta de respeto por los campos comunales, de la imposibilidad de reunirse en asambleas y de trabajar sin miedo, de las humillaciones infligidas por las autoridades, del cambio forzado de dirigentes por otros sin mandato ni elección, de la destrucción de los símbolos comunitarios, de la prohibición de reuniones, o toleradas bajo la vigilancia de paramilitares protegidos por la policía. En la *guerra del desprecio* que se está trabando en Chiapas, los indios son tratados como animales incómodos. Y la multinacional Nestlé espera con impaciencia que se resuelva el asunto: el café y el cacao están esperando...

»Cerca de Acteal, en Polhó (pronúnciese Pol-hó), en un cartel a la entrada del campamento de desplazados zapatistas, se pueden leer estas palabras: "¿Qué será de nosotros cuando se marche el último de vosotros?". Y yo pregunto: "¿Qué será de nosotros cuando se pierda la última dignidad del mundo?".»

28 de marzo

Una carta de Carmen Mascaró Andrade-Neves:
«He leído su libro *El año de la muerte de Ricardo Reis*, me ha gustado mucho y en especial el fragmento en el que, en la página 59, habla de la piedra con la inscripción "Clínica de Enfermedades de los Ojos y Quirúrgicas [...] Fundada por A. Mascaró en 1870". Efectivamente, "las pie-

dras quedan", pero la memoria de los hombres también perdura, y es el caso. Soy nieta del doctor A. Mascaró. Cumplo noventa años el próximo septiembre, estoy soltera, pero tengo cinco sobrinos Mascaró que, a su vez, ya tienen hijos y nietos que recuerdan la memoria del "antepasado curador de ojos", pero no solo... porque, por el otro lado de la familia, mi abuela y la abuela de Fernando Pessoa eran hermanas. "Persona" a la que llegué a conocer, aunque relativamente poco, porque vivía en España, pero de quien mantengo un recuerdo bien vivo.»

Lo que queda claro con esta carta es que la esposa del doctor Mascaró era hermana de *una* abuela de Fernando Pessoa, pero ¿cuál de ellas? ¿La materna? ¿La única que se ha hecho famosa, la paterna, la loca Dionísia? ¿De dónde vienen esos apellidos, Andrade-Neves? He aquí una nueva pequeña tarea más de investigación para los especialistas pessoanos, si no lo han hecho ya.

29 de marzo

Desde París, donde, con eficacia, cumple con sus obligaciones de consejero cultural, me hace cuatro preguntas Eduardo Prado Coelho para *Art Press,* a saber: 1) ¿Cuál es la influencia de la pintura en tu obra? 2) ¿Cómo ves las artes plásticas contemporáneas? 3) ¿Cuáles son las figuras de la cultura francesa que más te han influido? 4) ¿Cómo ves la situación de las culturas europeas? Aquí están las respuestas: 1) No sé si hay alguna influencia. Obviamente, cuando escribo no estoy pensando en pintores o en pinturas. Pero, si parece cierto que hay algo de montaje cinematográfico o de alternancia de planos y profundidades en mis novelas, tampoco sorprendería que algo de toda la pintura que he tenido ante mis ojos hasta hoy termine pasando igualmente al proceso de escritura. Además, tal vez sería más exacto, en lugar de *influencia,* hablar de *presencia.* Directa, como en el caso del *Manual de pintura y caligrafía,* indirecta como en ciertas descripciones de ambientes, no de paisajes, que casi no aparecen en mis libros. Ni rostros definidos. En todo caso, creo que la «disciplina plástica» realmente reconocible en mis enredos es más bien la arquitectura. 2) Salvando algunas excepciones (que no son muchas), las veo con una desagradable impresión de aburrimiento. Curiosamente, sin embargo, me interesa lo que se suele denominar «instalaciones», quizá por lo que tienen de... arquitectura. Media docena de piedras colocadas en el suelo, cuatro tablas armadas en el aire, pueden impresionarme mucho más que un cuadro de Mondrian. 3) Montaigne por encima de todos. O el único, si hablamos de auténtica influencia. Aunque no se note... 4) Confusas, perturbadas, esperando no se sabe el qué, tal vez una idea, una convicción. Se ha querido «inventar», de forma voluntarista, una «cultura europea», y ahora ni tenemos la europea, ni sabemos qué hacer con las nacionales. Vivimos en el tiempo del «pensamiento cero», que es peor que el «pensamiento correcto». ¿Que hay personas que piensan? No lo dudo. Sencillamente, nadie les hace caso...

2 de abril

Hace precisamente diez años (qué rápido pasa el tiempo) fui a Valencia de España, respondiendo a la invitación que me habían hecho para participar en un encuentro de intelectuales y artistas que iba a realizarse en esa ciudad para honrar el cincuentenario de otra reunión, perteneciente a la Historia, casi mítica también: el Congreso de Escritores Antifascistas en Defensa de la Cultura, celebrado en el ya lejano año de 1937. Como no pertenezco a esa familia de congresistas que llegan, miran, dan un par de vueltas por los pasillos para dejarse ver, charlan con los amigos, quedan para otros congresos y se marchan, me di el trabajo de escribir y llevar desde Lisboa, donde aún vivía por entonces, unas cuantas páginas esforzadas, con la esperanza de que en medio de todas las fuertes y profundas razones que ciertamente iba a escuchar, mi modesta contribución, aunque por desgracia perteneciese al número de las más flojas e inconsistentes, podría merecer también la suerte de presentarse al juicio de la magna asamblea que, acolitado por Mario Vargas Llosa, Jorge Semprún y Fernando Claudín, presidía Octavio Paz. No coronó el destino mis dulces expectativas, si es que no fue alguna conspiración de los poderosos la que me impidió subir los escalones de la tribuna de los oradores y arengar a las masas.

Reflexionando últimamente sobre los asombrosos cambios por los que está pasando nuestro continente, y de un modo general el planeta, ha querido la benévola casualidad que aquellos desdeñados, pálidos y ya olvidados papeles volviesen a mis manos, estimulándome una nueva lectura y, al producirse, proporcionándome la confirmación de las ideas que había expuesto en ellos y su hipotética supervivencia en los conturbados momentos que estamos viviendo, diez años después. Así que voy a tomar lo esencial de lo que escribí en aquellos días, esperando que la comprensión de lo poco que he decidido aprovechar no se vea perjudicada por la falta de lo mucho que he tenido que eliminar.

Repartido con amplia y previsora antelación entre los invitados, un denominado *Documento fundador* de aquel congreso de 1987 empezaba afirmando, con toda seriedad, que el Congreso Antifascista de 1937 había sido «un acontecimiento de alcance mundial, por muchas razones y alguna sinrazón». Creyendo yo conocer unas cuantas de esas razones, que son, además, del conocimiento de todos, admitía con humildad que allí recibiría información sobre algunas otras. Sin embargo, lo que esperaba por encima de todo era que me explicasen en qué había consistido la denunciada «sinrazón» de un acontecimiento en el que mis insuficiencias intelectuales solo conseguían ver razones, y todas de peso. Es evidente que estaba completamente de acuerdo con que una reflexión crítica que incidiese sobre ese pasado ya remoto, si era eso lo que se pretendía hacer en Valencia, solo tendría un sentido real si se abriese a una reflexión sobre el futuro, el próximo, es decir, este en que nos encontramos y aquel que nos espera. Pero dudaba de que esa buena disposición se hiciera posible y fuese lo suficientemente útil si no empezaban explicando lo que me pareció desde el primer momento un prejuicio de fondo, que se deducía con facilidad de los términos en que había sido redactado el mencionado *Documento fundador:* me refiero a la acusación, formulada expresamente, de que los intelectuales de los años treinta habían cultivado ídolos falsos, se habían equivocado, habían cometido engaños funestos, mientras que nosotros, segunda y fácil deducción, los intelectuales de los años noventa allí presentes, definiríamos las únicas certezas realmente seguras, colocaríamos a otros dioses en los altares, todos ellos auténticos, y proclamaríamos solemnemente que a partir de ese día la verdad, toda la verdad y nada más que la verdad saldría de nuestras bocas por fin regeneradas.

Decía también el *Documento fundador,* especie de brújula sin norte que señalaba el rumbo y las conclusiones del debate incluso antes de que se realizara, que ya era hora de proceder a una aclaración teórica sobre el papel de los intelectuales y sobre la naturaleza exacta de su compromiso. Una confianza semejante en sí mismos (me refiero a los principales, si no los únicos, responsables del contenido y estilo del *Documento,* es decir, Paz, Semprún y Vargas Llosa) no podría dejar de provocar un reparo irónico: por lo visto, aquellos escritores de los años treinta no tenían la más mínima idea de lo que era «el papel de los intelectuales» ni «la naturaleza exacta de su compromiso»... En mi escrito, con falsa ingenuidad, me preguntaba si un congreso de intelectuales y artistas que se reuniera en el año 2037, quién sabe si en esta misma ciudad de Valencia, para debatir, medio siglo después, las razones y sinrazones de nuestros compromisos de ahora o de su ausencia, si no estaría, ese congreso, obligado a investigar los errores que estamos cometiendo hoy día nosotros mismos, los ídolos falsos que cultivamos, en suma, los engaños, sin duda no menos peligrosamente funestos, que estamos practicando o permitiendo que se practiquen en este mismo minuto, cada uno de nosotros y todos juntos. De este reparo no se debería concluir, claro está, que debiesen silenciarse los actos malvados, errores, injusticias, los mil crímenes, todos los actos extremamente sangrientos que forman parte del balance de los años treinta, en Europa y en el mundo. Pero nunca desde el punto de vista, al final también autoritario, de unos cuantos intelectuales y artistas que se convirtiesen a sí mismos en jueces supremos, supuestamente poseedores del conocimiento total de los hechos y de sus consecuencias históricas hasta el fin de los tiempos. Porque, nos guste o no, nosotros somos ya parte culpable de nuestro tiempo y, con congreso o sin él, seremos inevitablemente juzgados por esa culpa dentro de cincuenta años. O el año que viene. O lo seríamos ahora mismo si quisiéramos responder con lealtad a los interrogantes de nuestra conciencia.

Sería mucho más sensato, proponía yo, que examinásemos los errores que estuviésemos cometiendo, sin olvidar nunca lo que nos debería haber enseñado ya una sabiduría elemental de los hechos de la vida, es decir, que el error es inseparable de la acción justa, que la mentira es inseparable de la verdad, que el ser humano es inseparable de su negación. De hecho, no sé por qué maravillosas razones podrían aquellos intelectuales contemporáneos míos, maravillosamente reunidos en congreso en la ciudad de Valencia y pontificando desde lo alto de una justicia maravillosa y abstracta, definir, se supone que de una vez para siempre, las verdades absolutas que habían ignorado estúpidamente los intelectuales de los años treinta y que los intelectuales del siglo XXI y siguientes no tendrían más remedio que acatar obedientemente...

Salvaguardando como principio el respeto que me merecen las opiniones contrarias, me parecía que, sin despreciar la necesidad de un «enfoque nuevo, plural, pero teóricamente coherente, de las relaciones entre política y cultura, tecnología y valores morales, ciencia y complejidad, compromiso y soledad creadora» que preconizaba el *Documento fundador*, mucho más imperioso que todas esas innegables urgencias, sería el examen, tan objetivo y riguroso como fuera posible, de la situación del mundo, y también del lugar, de la parte, de la culpa o la responsabilidad que tienen en ella o de ella los intelectuales y los artistas de hoy. Aquellos intelectuales y artistas de los años treinta que participaron en el Congreso de Valencia no se sirvieron de sofismas capciosos ni de otras cautelas bizantinas cuando su conciencia los llevó a apoyar la legalidad republicana española y a defender la cultura amenazada por las obras nefastas de la mentalidad fascista... Sus convicciones arriesgaron humanamente el error, mientras que esto que todavía queda de las nuestras, insípidas, inertes e inodoras, no llegó más que a reunir en Valencia un congreso supuestamente evocador, pero claramente malintencionado, a salvo de definir «espacios culturales» y de «fundar estrategias del quehacer cultural». Cuánto mejor sería, lo escribí entonces y lo repito ahora, que nos decidiésemos a proclamar la necesidad de una insurrección moral (digo moral, no digo moralista) de los intelectuales y los artistas, sin distinción de objetos o épocas, sin jerarquización previa, tanto para condenar como para justificar los crímenes cometidos, los de todos sin excepción, y los de quien los cometió ayer o los esté cometiendo ahora. Bajo pena, discúlpenme la metáfora banal, de dejar caer al niño con el mismo movimiento con que tiramos el agua del baño...

6 de abril

La obra novelesca de Aquilino Ribeiro fue la primera y quizá única mirada sin ilusiones lanzada sobre el mundo real portugués, en su parcela de la Beira. Sin ilusiones, pero con pasión, si por pasión queremos entender, como le sucedió a Aquilino, no la exhibición sin recato de un enternecimiento, no la lágrima suave que se enjuga fácilmente, no la simple complacencia del sentir, sino una cierta emoción áspera que prefiere ocultarse detrás de la brusquedad del gesto y de la voz. Aquilino no ha tenido continuadores, aunque no sean pocos los que se hayan declarado o propuesto como sus discípulos. Creo que no pasó de un equívoco bienintencionado esa supuesta relación discipular. Aquilino es una roca enorme, solitaria y enorme, que irrumpió del suelo en medio de la alameda principal de nuestra florida y a veces delicuescente literatura de la primera mitad del siglo. En eso no fue el único aguafiestas, pero, artísticamente hablando, y también por las virtudes y defectos de su propia persona, habrá sido el más coherente y perseverante. Los neorrealistas no supieron, por lo general, entenderlo, aturdidos por la exuberancia verbal de algún modo arcaizante del Maestro, desorientados por el comportamiento «instintivo» de muchos de sus personajes, tan competentes para el bien como para el mal, y aún más competentes siempre que se trataba de cambiar los sentidos del mal y del bien, en una especie de juego conjuntamente jovial y asustador, pero, sobre todo, descaradamente humano. Tal vez la obra de Aquilino haya sido, en la historia de la lengua portuguesa, un punto extremo, un ápice, probablemente suspendido, probablemente interrumpido en su impulso profundo, pero expectante de nuevas lecturas que vuelvan a ponerlo en movimiento. ¿Surgirán esas nuevas lecturas? Más exactamente: ¿surgirán los lectores para ese nuevo leer? ¿Sobrevivirá Aquilino, sobreviviremos los que escribimos a la pérdida de la memoria, no solo la colectiva, sino también la individual, de los portugueses, de cada portugués, a esa insidiosa y en el fondo estúpida borrachera de modernillos que confunde nuestro sistema circulatorio e intoxica con nuevos engaños los sesos de la Lusitania? El tiempo, que todo lo sabe, lo dirá. No entendemos que, abandonando nuestra propia memoria, olvidando, por renuncia o pereza, aquello que éramos, el vacío generado de ese modo será (ya lo está siendo) ocupado irremediablemente por memorias ajenas que pasaremos a considerar nuestras y que acabaremos haciendo únicas, convirtiéndonos así en cómplices, al mismo tiempo que víctimas, de una colonización histórica y cultural sin retorno. Se dirá que los mundos real y ficcional de Aquilino han muerto. Es verdad, pero esos mundos *fueron* nuestros, y esa debería ser la mejor de las razones para que siguiesen *siéndolo*. Al menos por la lectura.

7 de abril

Una lectora alemana, Maria Schwenn, de Offenbach, me escribe para decirme que, al leer en *El Evangelio según Jesucristo* la frase: «Hombres, perdonadle, porque él no sabe lo que hizo», sintió deseos de imitar al Raimundo Silva de *Historia del cerco de Lisboa,* cambiando de sitio el *no,* para que quedara así: «Hombres, no le perdonéis, porque él sabe lo que hizo». Como se puede comprobar, Maria Schwenn ha ido mucho más lejos que yo, poniendo en boca de Jesús las palabras que son probablemente la conclusión lógica de la novela y a las que no se atrevió el autor, o mejor, ni se le pasó por la cabeza. No cabe duda de que ciertos lectores, de tan buenos que son, serían excelentes escritores, realmente capaces de llegar al fondo de las cosas. A partir de ahora, que cada lector remate el libro como mejor le parezca.

10 de abril

Llegada de Noé Jitrik y de Tununa a Lanzarote.

13 de abril

Presentación de *Todos los nombres* en Las Palmas.

14 de abril

Presentación de *Todos los nombres* en el Ateneo de La Laguna.

15 de abril

Partida de Noé Jitrik y Tununa.

18 de abril

Luis Arroyo y Ángel Alcalde de la Universidad de Castilla-La Mancha.

21 de abril

Lisboa, Televisión Española. Programa *Esta es mi tierra*. Madre de Deus, Museo del Azulejo. La entrada se hace por el portón de la antigua Escuela Industrial Afonso Domingues...
Torre de Belém.

22 de abril

Si Bento de Jesus Caraça, cuyos breves cuarenta y siete años de vida, más que el centenario de su muerte, estamos aquí celebrando, hubiese ido a leer a Valencia, en 1937, su conferencia «La cultura integral del individuo, problema central de nuestro tiempo», no me cabe duda de que los tres organizadores de la reunión de 1987 lo habrían incluido en el bando de los «sinrazón» que estaban decididos a desautorizar. Dirían, por ejemplo, que el problema central de este tiempo en que estamos ya no es la «cultura integral del individuo», sino la liberalización del comercio mundial. Y tendrían toda la razón: ese es, de hecho, el problema central de nuestro tiempo, precisamente porque representa una amenaza mortal, no solo para lo que Bento Caraça definió como «cultura integral», sino para la simple «cultura», sin más adjetivos ni clasificaciones. Todos sabemos que algunos de los análisis y previsiones formulados por Caraça en su conferencia de 1933 fueron contrariados por la brutalidad de los acontecimientos europeos y mundiales ocurridos en los sesenta y cinco años que nos separan de ella; todos sabemos que la posibilidad de una «cultura integral del individuo» se aleja cada vez más de lo que imaginábamos como su horizonte previsible; todos sabemos que el «alma colectiva de las masas», que Bento de Jesus Caraça quería ver despertar, no siempre es buena consejera. En cierto modo, ya lo estaba admitiendo cuando escribió: «Sé bien [...] lo falibles que son hasta los juicios más prudentes, y, si no temo el error, es solo porque siempre estoy dispuesto a corregirlo». Magnífica lección, incluso diré que la mejor de todas, porque esas palabras constituyen, en mi opinión, el núcleo más fértil de su discurso. Es innecesario decir que Bento Caraça, hoy, escribiría de diferente manera de la «cultura integral del individuo»; es hasta dudoso, teniendo en cuenta la situación actual del mundo, que considerase útil abordarlo, pero lo que no es dudoso ni innecesario es pensar que esas palabras —«Si no temo el error, es solo porque siempre estoy dispuesto a corregirlo»— volverían a acudir a su mente y que las escribiría con la misma profunda convicción. Y tal vez lo repitiese todavía, letra a letra, ahora con más motivos de lo que podría suponer entonces: «El poder revolucionario de una idea se mide [...] por el grado en que interpreta las aspiraciones generales, dadas las circunstancias del momento en que actúa. Así, una idea o teoría que, en una época determinada, es revolucionaria, puede, en otra en que las circunstancias sean diferentes, haber perdido por completo ese carácter».

Lo que está diciendo Bento Caraça, si no interpreto mal sus palabras, recuerda de forma singular la parábola del vino y los odres que se puede leer en San Marcos: «Nadie pone vino nuevo en odres viejos; si lo hace, el vino acabará reventando los odres y se echarían a perder vino y odres. El vino nuevo se pone en odres nuevos». Estoy seguro de que a Bento Caraça, aunque comunista, laico y republicano, no le importaría suscribir estas palabras del evangelista... El vino nuevo es la nueva idea que ocupará el lugar de la antigua, el odre nuevo es la conciencia en que se va formando esa idea, al mismo tiempo que está formada por ella. Cuando «los intereses egoístas de los dirigentes se sobreponen a los intereses generales», dice Caraça, «se produce un anquilosamiento de la clase dirigente; la doctrina o teoría, en cuyo nombre había luchado y vencido, pierde su carácter revolucionario, se vuelve, primero, conservadora, y más tarde, cuando los antagonismos son flagrantes y se frena la lucha, reaccionaria». Son palabras sabias, estas. ¡Cuánto sufrimiento físico, cuánto dolor moral, cuántos desalientos y frustraciones se habrían evitado si las hubiésemos recordado en algunos momentos de nuestra historia reciente!... Porque si bien es cierto que las ideas, por ser o para ser nuevas, no tienen necesariamente que aparecer como contrarias o enemigas de las antiguas, también las propias ideas antiguas deberían poder generar, a tiempo, en su interior, la semilla de lo nuevo que sustentaría su vida y prolongaría su espíritu. Quizá sea una cuestión de cultura, esa que para Bento de Jesus Caraça constituía el problema esencial de su tiempo y, probablemente con más razón aún, añado, del nuestro. Cuando Bento Caraça, a la pregunta «¿Qué es un hombre culto?», responde: «Es aquel que es consciente de su posición en la sociedad a la que pertenece, aquel que es consciente de su personalidad y de la dignidad inherente a su existencia como ser humano», nos está interpelando directamente a nosotros. Que cada uno diga qué parte tiene y qué lugar ocupa en esta definición, o si, por el contrario, nos estamos resignando a ser como esa gente que satiriza Nietzsche, los que van por la vida guiñándose el ojo los unos a los otros, dándoselas de entendidos, como quien cree conocerlo todo solo porque conoce lo que le han permitido que conozca. Por eso, un conjunto de cuestiones que habrá empezado por parecer limitado al ámbito de la cultura es, en realidad, en sentido absoluto, una cuestión social. Viejos, muy viejos, antiguos, muy antiguos, son ya Marx y Engels, y escribieron, en *La sagrada familia,* las palabras para mí más iluminadoras y siempre nuevas de todo el materialismo histórico, estas que también podrían ser el resumen del pensamiento de Bento de Jesus Caraça: «Si el hombre es formado por las circunstancias, entonces es necesario formar las circunstancias humanamente».

23 de abril

Inauguración de la Feria del Libro. Entrevista con SIC. Lectores y lecturas... Solo lee quien quiere...

24 de abril

Museu de Arte Antiga. José Luís Porfírio, Dagoberto Markl. La Rocha do Conde de Óbidos. El río.

25 de abril

Regreso a Lanzarote. Retrasos.

28 de abril

Rodaje de *Esta es mi tierra* en casa. He tenido que leer en portugués y en castellano un fragmento de los *Cuadernos,* aquel en que hablo de las ideas que me han servido de norte en todas las circunstancias, buenas y malas, de la vida... Después, por petición de Josefina Molina, he dado una vuelta por el jardín, sobornando el estómago de los perros para que se quedasen conmigo mientras el operador hacía su trabajo. *Pepe,* que es la máxima expresión de la ansiedad en canino, me soltó en cuanto vio que se había acabado la comida, pero *Camões,* el más equilibrado de los tres (no sé por dónde andaría *Greta*), acudió rápido cuando volví a llamarlo. Había encontrado entre las coles la vieja pelota de tenis con la que solían jugar, y ejecutó su habilidad clásica. Corrió a buscarla y después, con ella en la boca, se me quedó mirando. Ya había hecho bastante, pero debía parecerle poco. Cuando me senté en un escalón de la escalera que lleva a la terraza, se me colocó al lado y puso una cara sonriente que le valió un primer plano... Mi paseo fue el de siempre en este tipo de situaciones, es decir, imaginemos: las palmeras, los olivos, los algarrobos, tocarlos, pasar los dedos por las hojas, decirles algo, como si no pudiesen crecer sin estas atenciones. Por la tarde, en la Montaña Blanca, el viento parecía querer levantarme del suelo. Aquella cuesta empinada, mucho más empinada allí que cuando la vemos de lejos, resbaladiza, quebrada por barrancos, me vino otra vez como una tentación. Supuse que no sería capaz de llegar a la cima, mi cuerpo no estaba preparado para ese esfuerzo. Es verdad que tampoco lo estaba cuando subí la montaña hace cinco años, pero la diferencia entre el entonces y el ahora es exactamente esa, cinco años... Pero ¿quién sabe? Si pruebo mis fuerzas, o la simple voluntad de usarlas, creo que no me faltarían del todo si las convocase para una nueva ascensión. ¿Me atreveré alguna vez a hacerlo? Tendría que empezar convenciendo a Pilar para que me dejara ir...

Nací y fui criado en una aldea ubicada a la orilla de dos ríos. Al que está más cerca, un modesto curso de agua que lleva el enigmático y altisonante nombre de Almonda, se llega, prácticamente, solo con bajar el escalón de la puerta de las casas ribereñas. El otro, con caudal aventajado e historias más aventureras, se llama Tajo, y pasa, casi siempre plácido, a veces violento, a menos de un kilómetro de distancia. Durante muchos años, de un modo que casi diría orgánico, el concepto de belleza paisajística estuvo asociado en mi espíritu a la imagen de mantos movedizos de agua, de pequeños y lentos barcos llevados a remo o a vara entre limos y cañas, de frescas orillas donde se alineaban fresnos, chopos y sauces, de vastas campiñas que las crecidas del invierno inundaban y fertilizaban. A la imagen, también, de los callados y misteriosos olivares que rodeaban la aldea por el otro lado, enmarcada entre la vegetación exuberante nutrida por los dos ríos y la suave monotonía de verde, ceniza y plata que, como ondulante océano, igualaba la copa de los olivos. Fue este el mundo en el que, niño, y después adolescente, me inicié en la más humana y formativa de todas las artes: la de la contemplación. Sabía, como todo el mundo, que en otros lugares del planeta había montañas y desiertos, selvas y sabanas, bosques y tundras;

observaba y guardaba en la memoria las imágenes que me enseñaban los libros de esos sitios para mí inalcanzables, pero la realidad sobrenatural de mi mundo de entonces, esa que los ojos despiertos, las manos desnudas y los pies descalzos no necesitaban aprehender objetivamente porque la iban captando de continuo a través de una cadena infinita de impresiones sensoriales, se consustanciaba, a fin de cuentas, en un banal paisaje campestre donde, como en cualquier otro lugar donde haya nacido y crecido un ser humano, sencillamente se estaba formando un espíritu.

Es normal oír decir que el paisaje es un estado de alma; que una vista de la naturaleza, sea cual sea, no hace más que devolvernos, confirmándola, la disposición de espíritu con que la habíamos mirado, y que, así, fueron nuestros sentimientos, y solo ellos, los que la volvieron triste o alegre, melancólica o jubilosa, deprimente o arrebatadora. El mundo exterior a nosotros sería, pues, en todo momento y circunstancia, una especie de prolongación de nuestro mundo interior y tan variable el uno como el otro. Sería un espejo siempre cambiante de nuestras emociones, del mismo modo que ya solo es, y nunca más lo será, aquello que nuestros sentidos sean capaces de aprehender de él. La córnea polifacética de la mosca ve una realidad diferente de la nuestra; la nariz húmeda y temblorosa de un perro sabe mucho más de la sutil vibración de los olores que el rudimentario olfato humano; para las branquias del pez, que extraen por ósmosis el oxígeno del agua, el aire vital que respiramos es tan mortal como puede serlo para nosotros el peor de los gases tóxicos. Todo es según lo que somos, todo será según lo que sintamos. Creo, sinceramente, que sería una persona diferente de aquella en que me he convertido si hubiesen sido otros los paisajes a través de los cuales se me presentó por primera vez el mundo. En la linfa de la sangre, y no solo en la memoria, llevo dentro de mí los ríos y los olivares de la infancia y la adolescencia, las imágenes de un tiempo mítico tejido de asombros y contemplaciones, cuando, poco a poco, en el curso del propio proceso de su edificación, el espíritu se iba conociendo y reconociendo a sí mismo.

Lógicamente, con el paso del tiempo me ha parecido que todo estaría ya más o menos terminado en la elaboración de mi ser íntimo; que todo lo demás que viviese e interiorizase, tanto trabajos como descubrimientos, tanto pesares como alegrías, tanto lecturas como encuentros, no podría constituir sino otras tantas corroboraciones de todo cuanto antes había ayudado a definir y explicar la persona que soy. No me imaginaba que la más profunda emoción estética de mi vida, aquel inolvidable estremecimiento que un día, hace muchos años, me sacudió de la cabeza a los pies cuando me encontré ante la puerta que Miguel Ángel dibujó para la Biblioteca Laurenciana, en Florencia, no me imaginaba entonces que esa sacudida de todo mi ser se repitiera alguna vez, mucho menos ante un paisaje natural, por más bello y dramático que fuese, y por nada admitiría que la impresión que pudiera causarme fuese tan arrebatadora como la que había sentido, en un instante mágico de deslumbramiento, por la virtud de la que desde ese día —no una escultura, no una cúpula, una simple puerta— había pasado a ser, para mí, la obra maestra de Buonarroti. Y, sin embargo, así fue. Cuando mis ojos, atónitos y maravillados, vieron por primera vez Timanfaya; cuando recorrieron y acariciaron el perfil de sus cráteres y la paz casi angustiante de su Valle de la Tranquilidad; cuando mis manos tocaron la aspereza de la lava petrificada; cuando desde las alturas de la Montaña Rajada pude entender el esfuerzo demente de los fuegos subterráneos del globo como si los hubiese encendido yo mismo para romper y dilacerar con ellos la piel atormentada de la tierra; cuando vi todo esto, cuando sentí todo esto, creí que debería agradecerle a la suerte, al azar, a la ventura, a ese no sé qué, no sé quién, a esa especie de predestinación que va conduciendo nuestros pasos, el privilegio de haber contemplado en mi vida, no una, sino dos veces, la belleza absoluta.

29 de abril

Ha muerto Mariana Villar. Un corazón junto a la boca, un hablar abierto y directo, una imposibilidad vital para condescender con las hipocresías del mundo, un juicio sin prejuicios, solo el de la dignidad, que es el único que no se debe perder. Extraordinariamente intuitiva, supo entenderme desde el primer momento, pero no se calló el reparo de una duda cuando se la suscitaba la lectura. Íntegra de carácter, no volvía la cara a enemigos ni a adversidades. Por eso no decepcionó nunca a sus amigos, que siempre la tuvieron donde necesitaban encontrarla. Y no pedía nada a cambio ni ponía condiciones. Fue actriz por puro gusto, no por ambición devoradora. Su mejor papel fue el de ser humano.

Artículo para *Visão*. Título: «El Ala de los Demorados».
«He dudado mucho sobre la utilidad real de escribir este artículo. La leña ya ha ardido, las brasas no brillan, de las frías cenizas solo habrá quedado la acostumbrada tristeza, la que siempre nos deja abatidos tras la calentura de retórica patriótica a la que somos tan proclives. Me he dicho a mí mismo que historiadores imparciales y objetivos ya han tenido el escrúpulo de poner las cosas en su sitio, que sería perder el tiempo que un vulgar literato, como yo (y encima sospechoso, porque vive en tierra "enemiga"), pida algo más de inteligencia, sensibilidad y sentido común a unas cuantas personas (y solo a esas) que, en el pasado, mío y suyo, me acostumbré a admirar y a respetar como ejemplo de todo ello. Pedirles que no se enfaden tanto con Felipe II, que está muerto y enterrado, ni con el Portugal del siglo XVI, que ya no puede hacer nada por

él, ni nosotros por él. Y que, si aún hay algún patriotismo necesario y urgente, no es el de ayer, sino el de hoy, cuando los "héroes del mar" no tienen barcos para ir a la pesca, cuando a los "cañones" se les ha mojado la pólvora y se oxidan en los arsenales, cuando el "noble pueblo, nación valiente e inmortal" no tiene la menor idea sobre el futuro que le están preparando... He dudado, pero he acabado escribiendo, como pueden comprobar.

»La guerra perdida que más nos duele es una que no llegó a producirse, la que nació de la conciencia crítica de Eça de Queirós y de su desencantada comprensión del pueblo que somos: me refiero al relato menor (menor desde un punto de vista estrictamente "literario") que es *La batalla de Caya*, quién sabe si fallido en su realización por culpa de la propia e insoportable dimensión de la frustración colectiva que pretendió traducir. No nos bastó con haber ganado en Aljubarrota, aún tuvimos que inventarnos una Brites de Almeida capaz de matar a siete castellanos con la pala del horno... Cada vez que vencimos a los españoles en los campos de batalla, nos quedamos con un sabor amargo en la boca: habíamos ganado, sí, pero el triunfo era provisional. Cada vez que les tocó ganar a ellos, nos llevamos las manos a la cabeza y empezamos a plañir otro de aquellos desolados y lacrimosos *finis patriae* de los que está hecha (también, también...) nuestra Historia. Es posible que una parte de la sal que hay en el mar sean realmente lágrimas de Portugal, como, con toda seriedad, nos aseguró Pessoa; pero, en compensación, aquellas que de vez en cuando vamos a llorar a Caya, hay que reconocer que tienen más de sosas que de saladas... Y lo peor de todo es que, en nuestra boca, hasta las protestas, cuando surgen, parecen quejas de plañidera y sermones del Encuentro.

»Ahí viene de nuevo Felipe II, ya se pasea entre nosotros. No parece el mismo, ha entrado disfrazado de historiador, de escritor, de pintor, de escultor, de músico, de actor, de bailarín, de arquitecto, de decorador y, finalmente, de turista; desembarca todos los días de los aviones de Iberia que aterrizan en Portela de Sacavém, atraviesa con descaro la frontera en los camiones que llevan obras de arte a la Exposición de Lisboa (no escribo Expo'98 porque soy del tiempo de Maricastaña...), y, provocación suprema, no nos ha pedido disculpas (o perdón, como mandan hacer el pensamiento políticamente correcto y la hipocresía de las naciones) por haberse sentado, con toda legitimidad, en el trono vacío de Portugal.

»A mí lo que me asombra es esta persistente manía nuestra de querer ganar, a través de mecanismos psicológicamente más o menos complementarios (sufrimos una enfermedad, por lo visto incurable, llamada *Mensaje*...), las guerras que perdimos. Y lo peor es que, en medio de ese patético afán restaurador, de esa angustia de débiles aferrados a la memoria de una fuerza antigua, no entendemos que hemos ido perdiendo otras guerras y que las seguimos perdiendo todos los días. No nos damos cuenta, por ejemplo, de que el "trono de Portugal" (en sentido figurado, entiéndase) está cada vez más vacío; de que las disposiciones y las pautas de la vida portuguesa, tanto en el plano material como en el espiritual, nos vienen hoy *tan de fuera* como *de fuera* nos vino Felipe II. Contra esto no veo que protesten los noventa y ocho firmantes de la carta al primer ministro: pugnar por el honor de viejas banderas es menos arriesgado que atreverse a dudar de la legitimidad de las nuevas.

»Es nuestro sino, siempre llegamos tarde. Después del Ala de los Enamorados, en Aljubarrota, tenemos ahora, perdida por ahí, en algún lugar del tiempo, el Ala de los Demorados. Siempre llegamos tarde.»

2 de mayo

En el avión hacia Milán, la araña (el minúsculo arácnido) que hacía su tela en un recoveco lateral del respaldo de

91

la silla de delante. ¿Cómo ha entrado? ¿Cómo piensa sobrevivir? Giancarlo esperándonos. Minutos antes había llegado también un profesor de la Universidad de las Islas Baleares, Antonio Bernat Vistarini. Viaje en coche hasta Turín. Hospedaje en el Hotel Turin Palace. Carmélia. Cena en el restaurante Otto Colonne.

3 de mayo

Un motor junto a la ventana de la habitación. Cambio. Viaje en autobús (pequeño) para comer en el campo. Casa de una profesora llamada Lisi (Elisabetta), en Luserna San Giovanni, cerca de la frontera francesa. La región es la de los Valles Valdenses (de Valdo, el hereje del siglo XII o XIII). Cerca hay una estación de invierno llamada Sestriere. Comida agradable con grandes debates. Cena en Otto Colonne, ya con el embajador, João Diogo Nunes Barata, y el consejero cultural, Jaime Raposo. Presentes, además de Giancarlo, Pablo y Carmélia: Filipe de Sousa, cuya maleta no ha llegado de París, Teresa Rita Lopes, Carlos Reis, Irene Lima, Ana Ester Neves y Mário Vieira de Carvalho.

4 de mayo

Comienzo del Congreso, que presido... Por la mañana, sesión inaugural (ver los nombres). Por la tarde, sesión sobre literatura. El primero en hablar ha sido Antonio Bernat Vistarini, con un excelente estudio sobre don Francisco Manuel de Melo; después, Carlos Reis hablando sobre el diálogo que hemos tenido en Lanzarote y comentando declaraciones mías; después, Ana Hatherly, que estando en Milán manifestó su deseo de participar, y finalmente yo, que he hablado sobre la «reinvención» de la lengua portuguesa.

92

En la segunda sesión del día, sobre el tema «Machismo, fascismo en el lenguaje cotidiano», han hablado Anna Bravo, profesora de la Universidad de Turín, Teresa Rita Lopes y Pilar. Mientras Pilar, que ha abierto las comunicaciones, se ha centrado en las cuestiones de la relación de pareja, en particular de la violencia doméstica, Teresa Rita Lopes ha analizado los términos que designan habitualmente los órganos sexuales masculinos y femeninos. En cuanto a Anna Bravo, de la Universidad de Turín, cuya dicción en general se me escapaba, con el agravante de que ha hablado sin atender al micrófono, prácticamente no he entendido nada...

5 de mayo

Teresa Rita Lopes ha hablado sobre su relación con Álvaro de Campos.

En el Palazzo Civico, encuentro de los congresistas con la V Comisión Conciliar Permanente de la Comuna de Turín (el síndico se llama Valentino Castellani). La ciudad decorada con imágenes religiosas. Proyecciones luminosas nocturnas con cuadros religiosos.

La comida ha sido en el restaurante Del Cambio (me tocó sentarme en el sitio donde se sentaba Cavour: colgada de la pared, por encima de mi cabeza, había una corona de conde...). Después de comer hemos ido todos (incluyendo embajador y consejero cultural...) con Filipe de Sousa a comprar ropa: trajes, camisas, corbatas, calcetines, ropa interior; en fin, un ajuar completo... No había visto nunca Turín portugueses más alegres. Filipe de Sousa decía que lo que más le preocupaba era el gato. Qué gato, preguntó alguien. El que traía en la maleta, respondió Filipe, no me gusta dejarlo en casa. Es verdad que le puse al lado una lata de leche condensada, pero no sé si podrá abrirla...

Por la tarde, sesión sobre música. Azio Corghi ha hecho un recorrido por el trabajo musical realizado hasta ahora sobre textos míos, Irene Lima ha hablado sobre la educación musical en Portugal, Filipe de Sousa sobre la música en las óperas de António José da Silva, y Mário Vieira de Carvalho sobre contra-hegemonía y transgresión de la música de Lopes-Graça.

Por la noche, en la librería Campus, sesión de autógrafos. Proyección de fotografías de murales urbanos de Lisboa y Milán en los años setenta por Arno Hammacher. Después, concierto de guitarra clásica por Filippo Maria Pagliano. Antes de la proyección ha hablado Gaston Cottino, decano de la Facultad de Derecho, para hacer el elogio más «devastador» de mi persona. Me preguntaba en silencio: ¿Están hablando de mí?

6 de mayo

Por la mañana, intervención de Nuno Júdice.

Por la tarde se habló de historia. Franco Barcia sobre las relaciones entre el Ducado de Saboya y Portugal en los siglos XVI y XVII, Jorge Flores sobre el papel del intérprete en la expansión portuguesa en Oriente en los siglos XVI y XVII, Gianni Perona sobre el Portugal contemporáneo, país afín y desconocido, y, por último, Carlos Reis sobre Eça de Queirós y la representación de la Historia.

7 de mayo

Mi intervención. Presentación de Pablo Luis Ávila. Comida en el restaurante Otto Colonne. El jarroncito de los Abbruzzi que me ha regalado la dueña (en la cena, no en la comida). Al caer la tarde, concierto en el Aula Magna de la Universidad con Irene Lima, Ana Ester Neves y Filipe de Sousa. La impresión que me ha causado la *Antagonia* de Alexandre Delgado.

Los jóvenes leen la mitad de lo que leían hace veinte años y hacen doce veces más deporte. *El País.*

8 de mayo

Regreso. Larga escala en Madrid. Alfaguara. Diego Talavera, director de *La Provincia,* llama para decir que me han dado un premio. Un jurado compuesto por alumnos de COU (Curso de Orientación Universitaria) de cinco institutos gallegos ha premiado *Ensayo sobre la ceguera* como la mejor novela del año. La decisión de la cuarta edición del Premio Arzobispo Juan de San Clemente, dotado con quinientas mil pesetas, ha sido anunciada el día 6 en el Instituto Rosalía de Castro, de Santiago. Está en preparación la quinta edición de *Todos los nombres.* Cuando llegamos al aeropuerto de Lisboa nos encontramos a Filipe de Sousa, que había venido por París, bregando con un problema: una de sus maletas no había llegado. Lo gracioso del caso es que esa maleta es la misma que tardó cuatro días en llegar a Turín... Más gracioso aún ha sido cuando Filipe de Sousa le ha dicho a la funcionaria que lo atendía: «Lo que me preocupa es el gato...».

9 de mayo

Feria del Libro. Muchos lectores jóvenes. El afecto de siempre. El hombre que ha pasado a mi lado: «Ya nos estaba haciendo falta».

10 de mayo

Feria del Libro. Una lectora me cuenta que una amiga suya, después de leer *Tierra de pecado,* le preguntó: «¿Cómo puede un hombre tan joven saber tanto de las mujeres?». Para mi asombro... El chico sueco que ha venido tras de mí para saludarme.

11 de mayo

Visita a Luiz Francisco Rebello. Feria. El traductor de la Biblia. Charla sobre *El Evangelio según Jesucristo.* El profesor judío. Charla sobre *El Evangelio...* El traductor que me ha regalado la Biblia. El mozo sueco se llama Miguel Herramz. Le he regalado *El año de 1993.* Los brasileños. El museo de los muñecos en la Casa do Pontal.

12 de mayo

Comida con Luciana Stegano Piccio. Palabras de Manuel Anselmo: «Me gusta Saramago porque no ha cambiado después de hacerse célebre».
Sesión en el Gremio Literario. Estupenda presentación de José Manuel Mendes. Lídia Jorge, Augusto Abelaira, Almeida Faria. Las felicitaciones de Abelaira al final. Salidas de su boca...

13 de mayo

Grabación con Judite Lima y António Santos Silva. En la Feria otra vez los brasileños. Herramz viene con una compañera que se llama Ana Bergman. Una chica simpática.

14 de mayo

ISPA, Instituto Superior de Psicología Aplicada. Zeferino, António Melo.

15 de mayo

El periódico *Vinte e Quatro Horas* informa de que el Ayuntamiento de Mafra ha rechazado la propuesta, presentada por el respectivo Consejo Directivo, de ponerle mi nombre a la Escuela Secundaria de la ciudad. Las razones son las de costumbre... ¡Qué cansancio me da todo esto!

19 de mayo

Carta de Frederico Monteiro da Silva. La cuestión de la matanza de los inocentes.

24 de mayo

«Chiapas, nombre de dolor y de esperanza»:
«En 1721, fingiendo una ingenuidad que no ocultaba la acidez del sarcasmo, Charles-Louis de Secondat nos preguntó: "¿Persas? Pero ¿cómo es posible que uno pueda ser persa?". Hace ya casi trescientos años que el barón de Montesquieu escribió sus famosas *Lettres persanes,* y todavía no hemos encontrado la manera de elaborar una respuesta inteligente a la cuestión más esencial que contiene el itinerario histórico de las relaciones entre los seres humanos. De hecho, seguimos sin entender cómo es posible que alguien haya sido "persa" y, encima, como si la extravagancia no fuera desproporcionada, que insista en serlo hoy,

cuando el espectáculo que ofrece el mundo pretende convencernos de que solo es deseable y provechoso ser aquello que, en términos muy generales y artificiosamente conciliadores, se suele designar por "occidental" (occidental de mentalidad, de modas, de gustos, de hábitos, de intereses, de manías, de ideas...), o, en el caso demasiado frecuente de no alcanzar tan sublimes alturas, que se sea, al menos bastardamente, "occidentalizado", da igual que ese resultado se haya conseguido por la fuerza de la persuasión o, de manera más radical, si no hay otro remedio, por la persuasión de la fuerza.

»Ser "persa" es ser el extraño, es ser el diferente; es, en una palabra, ser *otro*. La simple existencia del "persa" ha sido suficiente para molestar, confundir, desorganizar, perturbar la mecánica de las instituciones; el "persa" puede llegar hasta el extremo inadmisible de desasosegar aquello de lo que todos los gobiernos del mundo son más celosos: la soberana tranquilidad del poder. Fueron y son "persas" los indios de Brasil (donde los sin tierra representan ahora otra modalidad de "persas"); lo fueron, aunque ya casi han dejado de ser "persas", los indios de los Estados Unidos; fueron "persas", en su tiempo, los incas, los mayas, los aztecas; fueron y son "persas" sus descendientes, allá donde hayan vivido o vivan ahora. Hay "persas" en Guatemala, en Bolivia, en Colombia, en Perú. También sobreabundan los "persas" en la dolorida tierra mexicana, que fue de donde trajo la cámara interrogadora y rigurosa de Sebastião Salgado el estremecimiento de las conmovedoras imágenes que aquí nos interpelan frontalmente. Que dicen: "¿Cómo es posible que os falte, a vosotros, 'occidentales' y 'occidentalizados' del norte y del sur, del este y del oeste, tan cultos, tan civilizados, tan perfectos, la poca inteligencia y sensibilidad necesaria para comprendernos, a nosotros, los 'persas' de Chiapas?".

»De eso se trataría realmente: de comprender. Comprender la expresión de estas miradas, la gravedad de estos rostros, el simple modo de estar juntos, de sentir y de pensar juntos, de llorar en común las mismas lágrimas, de sonreír la misma sonrisa; comprender las manos del único superviviente de una matanza colocadas como alas protectoras sobre las cabezas de las hijas; comprender este río sin fin de vivos y de muertos, esta sangre perdida, esta esperanza ganada, este silencio de quien lleva siglos protestando por respeto y justicia, esta ira contenida de quien al fin se ha cansado de esperar. Cuando, hace seis años, las alteraciones introducidas en la Constitución mexicana, en obediencia a la "revolución económica" neoliberal, orientada desde el exterior y aplicada sin piedad por el Gobierno, pusieron término a la distribución agraria y redujeron a nada la posibilidad de que los campesinos sin tierra dispusieran de una parcela de terreno para cultivar, los indígenas creyeron que podrían defender sus derechos históricos (o simplemente consuetudinarios, si se sostiene que las comunidades indias no ocupan ningún lugar en la historia de México...), organizándose en sociedades civiles que se caracterizaban y siguen caracterizándose, singularmente, por el repudio de cualquier tipo de violencia, comenzando por la propia. Esas comunidades tuvieron, desde el principio, el apoyo de la Iglesia católica, pero tal protección les sirvió de poco: sus dirigentes y representantes fueron sucesivamente metidos en la cárcel; aumentó la persecución sistemática, implacable, brutal por parte de los poderes del Estado y de los grandes latifundistas que, mancomunados a la sombra de los intereses y privilegios de unos y otros, prosiguieron las acciones violentas de expulsión de las tierras ancestrales, y las montañas y la selva tuvieron que ser, muchas veces, el último refugio de los desplazados. Ahí, entre las nieblas densas de las cimas y los valles, vendría a germinar la simiente de la rebelión.

»Los indios de Chiapas no son los únicos humillados y ofendidos de este mundo; en todas partes y épocas, con independencia de raza, de color, de costumbres, de cultura, de creencia religiosa, el ser humano que nos preciamos de ser ha sabido siempre humillar y ofender a aquellos a quienes, con triste ironía, sigue llamando sus semejantes. Inventamos lo que no existe en la naturaleza: la crueldad, la tortura, el desprecio. Por un uso perverso de la razón venimos dividiendo la humanidad en categorías irreductibles entre sí —los ricos y los pobres, los señores y los esclavos, los poderosos y los débiles, los sabios y los ignorantes—, y en cada una de esas divisiones hemos hecho nuevas divisiones, de manera que podamos variar y multiplicar sin esfuerzo, incesantemente, los motivos para el desprecio, para la humillación y la ofensa. Chiapas ha sido, en estos últimos años, el lugar donde los más despreciados, los más humillados y los más ofendidos de México han sido capaces de recuperar intactas una dignidad y una honra nunca definitivamente perdidas; el lugar donde la pesada losa de una opresión que dura desde hace siglos se hizo añicos para dejar pasar, a la vanguardia de una procesión interminable de asesinados, una procesión de seres vivos nuevos y diferentes: estos hombres, estas mujeres y estos niños de ahora que no están reclamando nada más que sus derechos, no solo como seres humanos de esta humanidad, sino también como los indios que quieren seguir siendo. Se han levantado con algunas armas en la mano, pero se han levantado sobre todo con la fuerza moral que únicamente la misma honra y la misma dignidad son capaces de hacer nacer y alimentar en el espíritu, aunque el cuerpo esté padeciendo el hambre y las miserias de siempre. Del otro lado de los Altos de Chiapas no está solo el Gobierno de México, está el mundo entero. Por mucho que se haya pretendido reducir la cuestión de Chiapas a un mero conflicto local, cuya solución solo podría encontrarse en el marco estricto de la aplicación de las leyes nacionales (hipócritamente moldeables y ajustables, como se ha visto una vez más, a las estrategias y las tácticas del poder económico y del poder político, su servidor), lo que se está jugando en las montañas chiapanecas y en la selva Lacandona sobrepasa las fronteras mexicanas y alcanza el corazón de aquella parte de la humanidad que no ha renunciado ni renunciará nunca al sueño y a la esperanza, al simple imperativo de una justicia igual para todos. Como escribió un día esa figura, por muchos motivos excepcional y ejemplar, que conocemos bajo el nombre de subcomandante insurgente Marcos, "un mundo donde quepan muchos mundos, un mundo que sea uno y diverso"; un mundo, me permito añadir, que, para siempre jamás, declarase intocable el derecho de cada cual a ser "persa" durante el tiempo que quisiera, y obedeciendo nada más que a sus propias razones...

»Los macizos montañosos de Chiapas son, sin duda, uno de los paisajes más asombrosos que mis ojos han visto alguna vez, pero son también un lugar donde campan la violencia y el crimen protegido. Miles de indígenas, expulsados de sus casas y de sus tierras por el "imperdonable delito" de ser simpatizantes silenciosos o confesos del Frente Zapatista de Liberación Nacional, están amontonados en campamentos de barracas improvisadas donde falta la comida, donde la poca agua de que disponen está casi siempre contaminada, donde enfermedades como la tuberculosis, el cólera, el sarampión, el tétano, la neumonía, el tifus, el paludismo van diezmando a adultos y niños; todo esto ante la indiferencia de las autoridades y de la medicina oficial. Alrededor de sesenta mil soldados, nada más y nada menos que un tercio de los efectivos permanentes del ejército mexicano, ocupan actualmente el estado de Chiapas, con el pretexto de defender y asegurar el orden público. Sin embargo, la realidad de los hechos desmiente la justificación. Si el ejército mexicano protege a una parte de los indígenas, y no solo los protege sino que los arma, instruye, entrena y municiona, esos indígenas —por lo general dependientes y subordinados al Partido Revolucionario Institucional (PRI), que viene ejerciendo desde hace setenta años, sin interrupción, un poder prácticamente absoluto—

son, aunque no por una coincidencia extraordinaria, aquellos que forman los diversos grupos paramilitares constituidos con el objetivo único de realizar el trabajo represivo más sucio, o sea, agredir, violar, asesinar a sus propios hermanos.

»Acteal fue un episodio más de la terrible tragedia iniciada en 1492 con las invasiones y la conquista. A lo largo de quinientos años, los indígenas de Iberoamérica (y empleo intencionadamente esta designación para no dejar fuera del juicio a los portugueses, y también a los brasileños, sus continuadores en el proceso de genocidio, que redujeron los tres o cuatro millones de indios existentes en Brasil en la época de los descubrimientos a poco más de doscientos mil en 1980), esos indígenas anduvieron, por así decirlo, de mano en mano: de la mano del soldado que los mataba a la mano del señor que los explotaba, teniendo en medio la mano de la Iglesia católica que les cambió unos dioses por otros, aunque no consiguió alterarles el espíritu. Cuando después de la matanza de Acteal comenzaron a oírse en la radio voces que decían "Vamos ganando", cualquier persona desprevenida podría haber pensado que se trataba de una proclamación insolente y provocadora de los asesinos. Se equivocaba: esas dos palabras eran un mensaje de ánimo, un grito de coraje que unía por los aires, como un abrazo, a las comunidades indígenas. Mientras lloraban a sus muertos, otros cuarenta y cinco que juntar a una lista cinco veces secular, las comunidades, estoicamente, levantaban la cabeza, diciéndose las unas a las otras "Vamos ganando", porque realmente solo puede haber sido una victoria, y grande, la mayor de todas, sobrevivir así a la humillación y a la ofensa, al desprecio, la crueldad y la tortura. Porque esta victoria es de espíritu.

»Cuenta Eduardo Galeano, el gran escritor uruguayo, que Rafael Guillén, antes de convertirse en Marcos, vino a Chiapas y habló con los indígenas, pero ellos no le entendieron. "Entonces se adentró en la niebla, aprendió a escuchar y fue capaz de hablar." La misma niebla que impide ver es también la ventana abierta hacia el mundo del otro, el mundo del indio, el mundo del "persa"... Miremos en silencio, aprendamos a oír; tal vez después, por fin, seamos capaces de comprender.»

27 de mayo

Firmado por Manuel de Melo, con el título «La saga», ha aparecido en el periódico *Avante!* del día 21 de este mes el siguiente artículo:

«En tiempos, el Ayuntamiento de Mafra entendió, en su iluminado juicio, que no se debía a José Saramago ningún tributo por haber escrito *Memorial del convento* y, a través de ese libro universalmente aplaudido, haber proyectado como nadie el crédito y la imagen de una comunidad perdida en la inclemencia de los mapas. Es verdad que había existido antes, en el Olimpo de Cavaco, aquel ennoblecedor episodio del subsecretario de Estado Sousa Lara destrozando *El Evangelio según Jesucristo,* seguramente en defensa de la Fe y el Imperio: ¡a por él, a por él, señores!, a por él, que el poder es del PSD, ilimitado y eterno, a por él y cuantos lo apoyaron con la acción o el silencio. Estimulado por intelectuales de la envergadura de Santana Lopes y sus jefes, Lara asumía así una cristianísima campaña de dislates y prendía la mecha. Las huestes seguirían el ejemplo, ¡esta agua que cae del cielo despierta viejos fantasmas, Sá de Miranda!, mucha espadada ha sucedido a espadada mucha, las luminarias de Mafra añadieron tiniebla a la tiniebla y no fueron pocos los que se callaron, cómplices o cobardes, pequeños sin duda, roídos de varices que son envidia y acidez.

»Más tarde, la Asamblea Municipal de la autarquía aprobó una propuesta de los miembros de la Coalición Democrática Unitaria para que le fuese otorgada al escritor la Medalla de Honor del Municipio. Votación inútil: el veto del Ejecutivo no tardaría. ¿Razones? ¿Para qué recordarlas? Son artistas del derecho al verbo en ristre, gente ampliamente modelada por la inteligencia de la porra y el despecho, con lenguas como víboras, que prefieren la pertinacia de los esbirros a echar marcha atrás en caso de atolladero. El país conoció las declaraciones de aquel diputado del PP que, encumbrado en censor gramático, tan estrafalario como el peor Castilho y el peor José Agostinho de Macedo, condenó el portugués del autor a los calabozos de los réprobos. Las conoció y se rio, quiero creer que se rio, tantas veces la risa expresa indignación y desprecio. Hablo del país de los lectores, claro. Buena parte del otro permaneció impávido, escuálido o bilioso, como le es peculiar. Mientras tanto, como la democracia posee sus reglas y sus reyezuelos, los concejales prosiguieron con la saga iniciada en hora gloriosa, saga de luciérnaga enferma pero saga, gesta, epopeya en la rasa medida de lo posible.

»Al mismo tiempo, Lanzarote concedía al novelista el estatuto de hijo adoptivo y de consejero vitalicio. Al mismo tiempo, se sucedían doctorados *honoris causa* en universidades de todos los rincones del mundo. Al mismo tiempo, una pequeña localidad escocesa quiso que una de sus calles se llamase José Saramago. Momentos de simple gratitud y elevación, entre otros innumerables; momentos de reconocimiento por una obra cuya singularidad marca el presente de la literatura. El mundo, ya se ve, está al revés, les da la espalda a los ediles de Mafra y al resplandor de su pensamiento, rico en fibras y artrosis. Un horror, el preámbulo del apocalipsis. Celebrar a quien se expresa tan mal en la lengua patria y, no contento con eso, propaga la subversión marxista en esta época de triunfo neoliberal...

»Lo peor, sin embargo, es que todo se ha cocinado en casa. ¿Cómo es posible que un grupo de docentes haya tenido la ocurrencia de atribuir a una Escuela de Mafra el impío nombre? Fiel al espíritu de misión que tanto ha probado, el Ejecutivo, mediante informe meramente consultivo, se aferró a la negativa. Un dique es un dique, diablos, más aún cuando se asienta en la obstinación y la ceguera; ¿qué quiere ahora ese montón de profesoruchos tocados por una brisa roja?, ¡solo por encima del cadáver de los ilustres del Municipio y sus representantes institucionales! Y ay de quien se atreva a enfrentarse a ellos.

»Las cosas están en este punto, a ver dónde van a parar estas modas, en baño maría o hirviendo de nuevo a fuego fuerte, dependiendo de la decisión del Ministerio de Educación, entidad a menudo cabezota y casi siempre lenta. ¿Qué decidirá Marçal Grilo, Marçal Grilo sinécdoque, Marçal Grilo o alguien por él, en cualquier caso, o sea él y Guterres? ¿Seguirá los pasos de Sousa Lara, premiando el genio de los que combaten a los moros con pluma inepta y rebelde? Se le reconoce ese mérito, el de anaranjar la práctica y el discurso... ¿O elegirá el lado de la clarividencia y la salud democrática? ¿Sin dilación ni maniobras de división? Es cierto que, a partir de aquí, los ojos ya no estarán sobre todo en ese puñado de bravos concejales por tierras del Convento. Tiene la palabra el Gobierno del Partido Socialista. Capaz de todo, como sabemos.»

28 de mayo

Una lectora israelí, Miriam Ringuel, estudiante universitaria, me pregunta, entre otras cosas, si es correcto decir que «descanonizo» poetas (Fernando Pessoa) y obras canónicas (Biblia) para parodiarlas y expresar ideas humanistas. Le he respondido que el concepto de «parodia» es, en mi opinión, demasiado equívoco para usarse en el análisis de mis libros. En sentido etimológico, sí, ya que «parodia» significa «canto que está al lado» (algunas de mis novelas, efectivamente, *están al lado* de obras de otros autores); pero ese sentido se ha perdido en el lenguaje común y lo que ha quedado es una idea de «imitación burlesca», lo que, como se sabe, no tiene nada que ver con mi trabajo. Estaría de acuerdo con el concepto de «descanonización», pero entendiéndolo como «retorno de humanización» de lo que antes había sido divinizado o mitificado. Nunca como «imitación burlesca». Además, no creo ni he creído nunca que la risa pueda cambiar nada en el mundo. Mientras me estoy riendo del poder, por ejemplo, ese mismo poder estará, también por ejemplo, matando a alguien. Y la muerte no da (o no debería dar) ganas de reír. Miriam Ringuel también quería saber si me considero «modernista» o «posmodernista»... Le he respondido que no sé lo que soy, que esas sutilezas escapan a mi inteligencia. Escribo lo mejor que puedo los libros que tengo en la cabeza, pero nunca me atrevería a clasificarlos como «modernistas» o «posmodernistas». Aquellos a quienes hoy llamamos «clásicos» tampoco se llamaban a sí mismos de esa forma, y a Piero della Francesca, si le preguntasen lo que era, nunca diría: «Soy renacentista...».

29 de mayo

A propósito del coloquio realizado en el Gremio Literario, donde, entre muchas otras cosas, se volvió a hablar de *El Evangelio según Jesucristo,* he recibido de un lector, Frederico Monteiro da Silva, residente en Cascais, una simpática carta en la que me advierte de que José no podía saber que Herodes mandaría matar a los niños de Belén y por eso no se le puede achacar ninguna responsabilidad, ni siquiera indirecta, en el «crimen». Hoy le he respondido en estos términos:

«Es cierto que José solo fue avisado de que la vida del Niño corría peligro y, por lo tanto, no podría prever que Herodes mandaría matar a los demás niños. Pero ¿estaría realmente en peligro la vida del pequeño Jesús? No. Si fuese así, no tendría sentido que hubiera venido al mundo: Dios no nos enviaría a su Hijo para que muriese a los pocos meses de edad... Admitamos que el carpintero José no podía hacer estos razonamientos. Comoquiera que fuese, Herodes no sabía a quién tenía que matar (esperaba que los magos le revelasen la identidad del "rey de los judíos" que acababa de nacer). Así que, descubierto el engaño, la solución solo podía ser matar a todos los niños, con la esperanza de que el recién nacido Mesías estuviese entre ellos. La pregunta, en este punto, es: ¿cómo podía saber Herodes que una insignificante familia de Belén se había marchado? Otra pregunta: suponiendo que hubiera tenido conocimiento de la marcha, ¿qué razones tendría para pensar que estaba precisamente allí el niño que buscaba? Otra pregunta más: si sabía que Jesús había escapado de la muerte, ¿por qué mandó matar a los niños *de hasta dos años*? Y todavía otra pregunta: ¿no significará esto que Herodes creía que Jesús aún estaba en Belén (aunque sea extraño que ninguna autoridad local se diera cuenta de la Adoración, y encima con tanta solemnidad) y que la decisión de mandar matar a todos los niños fue el resultado de haber sido engañado por los magos, que no le dieron la información que quería? Y una pregunta más, para terminar: ¿Dios sabía que Herodes quería matar al Niño y *no sabía* que mataría a treinta o cuarenta niños de Belén? ¿Qué es lo que Dios sabe y no sabe? ¿Y José? Como de costumbre, el más inocente es quien carga con las culpas. Defiendo mi punto de vista: el aviso que recibió José en el sueño debería haberlo llevado (si fuese simplemente humano, si no fuese en todo el relato evangélico poco más que un títere) a pensar que algo malo podría sucederles a los demás niños si el Suyo (que no era suyo) fuese conducido de Belén a Egipto, escapando así de la muerte. Al final, Herodes tenía la mala fama suficiente como para ponerlo sobre aviso... ¿Qué queda de todo esto? El absurdo de la matanza de los inocentes, *un absurdo total,* se mire como se mire. Ese absurdo fue lo que me hizo escribir mi *Evangelio*. Que no ha querido ser más que una reflexión sobre la culpa y la responsabilidad. Poco o mucho, según se entienda.»

30 de mayo

Madrid.

31 de mayo

«Todos sabemos cómo empieza la historia: en aquel lugar de la Mancha, cuyo nombre nunca llegaremos a conocer, vivía un hidalgo pobre llamado Alonso Quijano que, un día, como consecuencia del mucho leer y del mucho imaginar, pasó del juicio a la locura, con tanta naturalidad como quien abre una puerta y la vuelve a cerrar. Así lo quiso Cervantes, quizá porque la mentalidad de su tiempo se negaba a aceptar que un hombre en plena posesión de sus facultades mentales, y aunque solo fuese un personaje de novela, decidiese, por un simple acto de la voluntad, dejar de ser quien había sido para convertirse en otro: gracias a la locura, el rechazo de las reglas del llamado comportamiento racional se vuelve pacífico, ya que permite despreciar cualquier acercamiento al loco que no proceda de acuerdo con las vías reductoras que tienen como objetivo la curación. Desde el punto de vista de los contemporáneos de Cervantes y los personajes de la novela, Quijote está loco porque Quijano se ha vuelto loco. En ningún momento se insinúa la sospecha de que Quijote sea, solamente o, por el contrario, de modo supremo, el *otro* Quijano. No obstante, Cervantes tiene una visión muy precisa de la irreductibilidad de las consecuencias del cambio de Quijano. Tanto es así que reforma y reorganiza, de arriba abajo, el mundo en el que va a entrar esa nueva identidad que es Quijote, cambiando los nombres y las cualidades de todos los seres y cosas: la posada se convierte en castillo, los molinos son gigantes, los rebaños ejércitos, Aldonza se transforma en Dulcinea, por no hablar de un mísero caballo ascendido a épico Rocinante y de una bacía de barbero elevada a la dignidad de yelmo de Mambrino. Sancho, sin embargo, aun teniendo que vivir y sufrir las aventuras e imaginaciones de Quijote, no necesitará nunca enloquecer ni cambiar de nombre: incluso cuando lo proclamen gobernador de Barataria seguirá siendo, en lo físico y en lo moral, pero sobre todo en la sólida identidad que siempre lo define, Sancho Panza. Nada más, pero también nada menos.

»¿Qué nos dice Cervantes de la vida de Alonso Quijano antes de que la supuesta locura transformase al hombre poco favorecido, que lo era tanto de figura como de fortuna, en ese ardoroso e infatigable caballero a quien las derrotas nunca mermarán el ánimo, pues parecerá encontrar en ellas el aliento para el combate siguiente, infinitamente perdido e infinitamente recomenzado? Cervantes, de esa vida enigmática, no quiso decirnos nada. Y, sin embargo, Alonso Quijano rondaba ya los cincuenta años de edad cuando Cervantes lo plantó entero en la primera página del *Quijote*. Incluso en una aldea perdida de la Mancha, tan perdida que ni su nombre se recuerda, un hombre de cincuenta años tuvo, por fuerza, una vida, accidentes, encuentros, sentimientos varios. ¿Quiénes fueron sus padres? ¿De qué hermana o hermano era su sobrina? ¿No tuvo Alonso Quijano hijos, un varón, por ejemplo, que por no haber nacido a la sombra del santo sacramento del matrimonio fue abandonado a la buena de Dios? Y la madre de ese hijo, ¿quién habría sido? ¿Una moza de la aldea, barragana por un tiempo, o solo tomada alguna vez en tarde de calor, en medio del trigal o detrás de un vallado? Lo sabemos todo de la vida de don Quijote de la Mancha, pero no sabemos nada de la vida de Alonso Quijano, aunque son el mismo hombre, primero dotado de razón, después abandonado por ella, si no, como me parece una posibilidad mucho más seductora, dejada ella por él, conscientemente, para que Alonso Quijano pudiese, bajo la capa de una locura que pasaría a justificar tanto lo sublime como lo ridículo, ser al fin *otro,* para poder vivir como *otro* en otros lugares y hacer de la labriega Aldonza (¿quién sabe si antes madre de hijos que no fueron reconocidos?) una purísima e inalcanzable Dulcinea, cambiando así, como por una operación alquímica, el gris plomo en oro resplandeciente.

»Es en este punto, según creo, donde encontramos la cuestión crucial. Si Alonso Quijano fue la mera cobertura física de un delirio mental producido por el mucho leer y el mucho imaginar, entonces no habría grandes diferencias entre él y aquellos otros locos que, dos o tres siglos después, se creyeron Napoleón Bonaparte solo porque habían oído hablar de él o leyeron sobre él como capitán, general y emperador. Yo, en cambio, prefiero creer que un día de su insignificante vida Alonso Quijano decidió ser *otra persona,* y teniendo, por eso mismo, que situarse *contra* su tiempo, en el que solo podría tener lugar la *persona* Quijano, optó por hacer lo que ya nadie osaría: restablecer la orden de la caballería andante, poniendo a su servicio, por entero, alma y cuerpo. Si hablase francés, Alonso Quijano podría haber anticipado, en su momento fundacional, el célebre dicho de Rimbaud: *La vraie vie est ailleurs.* Por lo menos podemos imaginar que, al dejar la tranquilidad y la seguridad de su casa, grotescamente armado, montado en su esquelético caballo, podría haber pronunciado, en su castellano manchego, estas palabras, puestas aquí también en la lengua de Rimbaud para conservar el paralelismo, y que serían, al mismo tiempo, una divisa y un programa: *Le vrai moi est ailleurs.* Y fue así como empezó a caminar, ya otro, y por lo tanto a buscarse a sí mismo.

»Este juego entre un yo (Quijano) que se convierte en otro (Quijote), punto fuerte, si me atrevo a decirlo, de mi interpretación, encuentra una simetría reciente en el conocido sistema de espejos, conscientemente organizado por Fernando Pessoa, que es la constelación heteronímica. Siendo los tiempos diferentes, Pessoa no necesitó volverse loco para convertirse en esos otros Napoleones que son el Álvaro de Campos de *Estanco,* el Alberto Caeiro de *El guardador de rebaños,* el Ricardo Reis de las *Odas* o el Bernardo Soares del *Libro del desasosiego.* Curiosamente, sin embargo (tanto puede, al final, la sospecha social que pesa sobre aquellos que, de manera directa o indirecta, aspiraron a retirarse de la convivencia humana), el propio Fernando Pessoa, para ofrecer una explicación de su caso que no fuese más allá de la simple y radical voluntad de ser otro (o, más complejamente, de la necesidad imperiosa de no ser quien era), se diagnosticó a sí mismo como histeroneurasténico, transitando a través de este proceso, con una facilidad perturbadora, de las auras poéticas al foro de la psiquiatría. Esto le servirá para explicar sus heterónimos, atribuyéndose a sí mismo una "tendencia orgánica y constante para la despersonalización y la simulación". Hablar de despersonalización, en este caso, no parece demasiado riguroso, cuando, por el contrario, vamos a ser testigos, no de una despersonalización —situación, supongo, en la que el poeta, habiendo dejado de ser quien era, pasaría a interrogarse sobre lo que habría sido antes—, sino de una multipersonalización sucesiva, en la que el poeta, en el instante exacto en que deja de ser él mismo, presencia la ocupación del vacío por una nueva identidad poética, volviendo así a ser *alguien,* en la medida en que puede hacerse *otro.*

»Es interesante observar, repito, cómo Pessoa nos quiere hacer creer el "origen orgánico" de sus heterónimos, en total y flagrante contradicción con la descripción que hace de su "nacimiento", que más parece corresponder a una secuencia de lances de un juego en el interior de otro juego, como cajas chinas que salen de cajas chinas: "se me ocurrió inventar un poeta bucólico", "aparecido Alberto Caeiro, traté enseguida de descubrirle unos discípulos", "arranqué de su falso paganismo al Ricardo Reis latente", "de repente, y en derivación opuesta a la de Ricardo Reis, me surgió impetuosamente un nuevo individuo [Álvaro de Campos]"... Es de suponer que la aparición de los demás heterónimos, o semiheterónimos, como fueron António Mora, Vicente Guedes o Bernardo Soares, haya recorrido caminos mentales similares y modos de elaboración y definición paralelos. Para hacer un Quijote, Cervantes tenía que llevar a Quijano a la locura, mientras que Fernando Pessoa, que ya llevaba dentro de sí la tentación de mil vidas diferentes, y que ya era, de alguna forma, personaje de sí mismo, al no poder enloquecer verdaderamente y volverse, en esa locura, *otro,* creó para uso suyo y mistificación ajena una fingida histeroneurastenia, al cobijo de la cual se podría permitir cuantas multiplicaciones pudiese soportar su espíritu. Parece claro, así, que la ironía pessoana se ejerce en dos direcciones distintas: la del lector, obligado por el poder compulsivo de una expresión artística fuera de lo común a tomar en serio lo que es pura mistificación, y la del propio Pessoa, agente y objeto conscientes de esa misma mistificación.

»O mucho me equivoco, o no es ese el caso de Cervantes. Es verdad que él, con aparentes frialdad e indiferencia, parece querer exponer primero a Quijano y después a Quijote a la irrisión familiar y pública, pero ese hombre uno y doble, Janos bifronte, cabeza con dos caras, de quien el lector se reirá mil veces, también será capaz mil veces de despertar en nuestro espíritu los más sutiles sentimientos de solidaridad y compasión, y, como si eso fuera poco, crear en nosotros un profundo e irresistible deseo de identificación con alguien —personaje incorpóreo de novela, criatura hecha de tinta y papel— en verdad desprovisto de todo, menos de ansiedad y de sueño. Aunque no lo quiera confesar, cualquier lector, en lo más secreto de su corazón, desearía ser don Quijote. Tal vez porque no es consciente de su ridículo y porque nosotros vivimos prendidos a él en todas las horas lúcidas, pero sobre todo, creo, porque en la aventura risible del Caballero de la Triste Figura está siempre presente el sentimiento más dramáticamente interiorizado y disimulado de la existencia humana: el de su finitud. Sabemos de antemano que ninguna de las aventuras de Quijote será mortal o siquiera realmente peligrosa, que, por el contrario, cada una de ellas será motivo de nuevas carcajadas, pero, en contradicción con esa seguridad tranquilizadora, que es el resultado del pacto establecido por el Autor desde las primeras páginas, comprendemos que, al final, Quijote se encuentra, a cada paso que da, en riesgo permanente, como si, en vez de haberlo puesto allí Cervantes para ridiculizar las novelas de caballerías, fuese la representación premonitoria del hombre moderno, sin toga ni calcetines, armado con una razón desfalleciente, incapaz de llegar al *otro* por no poder conocerse a sí mismo, trágicamente dividido entre ser y querer ser, entre ser y haber sido.

»Sin embargo, esa razón que he llamado desfalleciente, como un hilo que constantemente se rompe y cuyas puntas despedazadas constantemente vamos intentando remendar, es el único vademécum posible, tanto para Quijote como para ese otro Sancho/Quijote que es el lector. Razón con reglas inestables, sin duda, pero razón trabajando en estado de plenitud, o razón de locura, si aceptamos el juego de Cervantes; pero, tanto en uno como en otro caso, razón ordenadora, capaz de sobreponer leyes nuevas al universo de las leyes viejas solo por medio de una introducción sistemática de contrarios. Pessoa se dispersó en otros, y en esa dispersión, por azar, se reencontró. Quijano se sustituyó a sí mismo por otro mientras le llegaba la muerte para hacer que todo volviera al principio, al primer enigma y a la primera tentación: ser alguien que no sea yo, estar en un lugar que no sea este.

113

»Víctima de una locura sencillamente humana o agente de una voluntad sobrehumana de cambio, Quijote intenta recrear el mundo, hacerlo nacer de nuevo, y muere cuando comprende que no fue suficiente con cambiar él mismo para que cambiase el mundo. Es la última derrota de Quijano, la más amarga de todas, la que no tendrá salvación. Se le agotó la voluntad, no hay tiempo para volverse loco de nuevo.»

1 de junio

Presentación del libro de Ignacio Ramonet *La tiranía de la comunicación*.

2 de junio

Reunión del jurado del Premio Reina Sofía. Ha ganado José Ángel Valente... El Premio Extraordinario para Rafael Alberti... De camino al hotel me han parado dos personas: una para pedirme un autógrafo, otra simplemente para saludarme.

3 de junio

Estaba yo, vagamente, intentando decidir por dónde retomar el trabajo interrumpido por el viaje a Madrid, cuando llama Baptista-Bastos. Me pregunta: «¿Has llegado a leer mi artículo en el *Diário Económico* sobre las desventuras del Ayuntamiento de Mafra?». Que no, respondí. «Pero debe de estar de camino, ya sabes cómo es el correo», añadí. «No esperes al correo, escucha esto.» Lo que me contó Baptista-Bastos me dejaría estupefacto. Que le había invitado a comer un dirigente del PSD, Duarte Lima, y que la conversación a la mesa había sido toda sobre Saramago y el Ayuntamiento de Mafra, sobre el Ayuntamiento de Mafra y Saramago. Que él, Duarte Lima, había leído el artículo y, preocupado con la situación, fue a hablar con el alcalde del consistorio mafrense para hacerle ver lo absurdo de las actitudes tomadas con el autor de *Memorial del convento*. Explicado lo cual, sin que yo haya entendido (probablemente Baptista-Bastos tampoco) cómo se pasa de una cosa a la otra, me ha dado la gran noticia: «Mafra quiere organizar en noviembre un gran homenaje a Saramago...». Las variaciones de audiofrecuencia que llevaban mi voz hasta Lisboa deben de haber sufrido una violenta sacudida: «¿Qué?», le pregunté. «Que te quieren hacer un homenaje, es lo que me ha pedido que te comunique...» «¿Y tú qué le has dicho?» «Pues mira, le he cantado las cuarenta. Que es una vergüenza cómo se están comportando contigo. Y no solo en Mafra...» «Pues entonces haz el favor de decirle, ya que te han metido en esto, que del Ayuntamiento de Mafra solo estoy dispuesto a aceptar disculpas públicas, pero que esas disculpas, incluso si me las presentan, no me llevarían a Mafra para recibir un aplauso fingido y oír las loas hipócritas de quienes me han ofendido estúpidamente. Aún no he perdido, ni espero hacerlo, el respeto por mí mismo.» «Les daré el recado, no te preocupes», me anima Baptista-Bastos, «no quiero que te enfades, pero tenía que contártelo». Entonces añadí: «Si Mafra quiere hacerme un homenaje, y yo creo que lo merezco desde hace dieciséis años, ¿qué Mafra es esa? Lo aceptaría, suponiendo que el Ministerio autorizara mi nombre, si lo promoviera la Escuela, pero, en ese caso, sin la presencia de ninguna autoridad municipal, salvo, a título personal, la de aquellas personas que fueron solidarias conmigo en los debates de la Asamblea Municipal...». «Esta tierra no tiene arreglo», dijo Baptista-Bastos. «Menos mal que tengo amigos», respondí.

4 de junio

El artículo de Baptista-Bastos, publicado el día 22 de mayo, que él me ha hecho llegar por fax, dice así:

«El Municipio de Mafra, tutelado por el PSD a través de un señorito que responde al vistoso nombre de Ministro Dos Santos, ha decidido, una vez más, vetar el nombre de José Saramago. El episodio ilumina el carácter eruptivo de este odio irracional.

»La Escuela Secundaria de Mafra quería pasar a tener el nombre del autor de *Memorial del convento,* homenajeando al hombre que "llevó el nombre de aquella tierra al mundo entero", en la juiciosa expresión de Maria Luísa Barros, que dirige el Consejo Directivo de la Escuela. ¡De eso nada!, bramó, colérico, congestionado, el ministro del Flos Sanctorum. Pegó un puñetazo en la mesa y dejó despavoridos a los allí presentes: ¡No quiero ni ver a Saramago!

»No hay explicación plausible para esta estupidez programada. Admito, sin embargo, la posibilidad de que este ministro hagiológico justifique la reincidencia en el veto por el hecho de que el escritor se declare ateo todos los días. En ese caso, tendríamos que reconocer que el autarca es seguramente tonto, o disimuladamente descendiente de Fray Barata, el inquisidor más feroz del siglo XVII.

»Lo más sorprendente de todo esto no es la inconsistencia de una criatura cuyas reincidencias persecutorias son indicios perturbadores de una grave enfermedad. No. Lo que me preocupa es el silencio deliberado, o compulsivo, de los dirigentes del PSD, en concreto de su presidente, que en la TSF, en tiempos pasados, reconoció la grandeza del *Memorial* y el gran talento de su autor. Sé que es difícil llamar a la razón a un iletrado o educar para la democracia a un intolerante. Pero, oh Marcelo, usted puede perfectamente llamar al orden a este infeliz y darle, no un tirón de orejas, que tal vez fuese humillante, sino el consuelo de una cataplasma pedagógica, expresada en el dulce regalo de una Cartilla Maternal, lo cual sería, al menos, instructivo.

»El ministro Dos Santos está completamente fuera de juego. Es una vergüenza para el país y una desgracia para el PSD. ¿Cómo puede, en rigor, Marcelo Rebelo de Sousa hablar de apertura del partido a la sociedad civil, cómo puede tener la ambición de ser Gobierno, cómo puede hablar de un movimiento nuevo, cómo puede corresponder a los encantos que vaticina para la patria, si por acaso alcanza el poder, teniendo en sus filas a un bípedo con esta naturaleza desastrosa?»

5 de junio

Respuesta al lector Antonio Bechara, de Buenos Aires:

«Su carta me ha sorprendido, no tanto por el asunto principal del que habla, la homosexualidad, como por la extrañeza que manifiesta por, según sus propias palabras, haber yo evitado u omitido el tema *sistemáticamente* en mis libros. En primer lugar, siempre tengo, en mi trabajo, el cuidado elemental de solo escribir sobre lo que sé o está a mi alcance saber. Por ejemplo, nunca un *rico* ha sido personaje mío por la simple razón de que *no sé* qué es un rico. ¿Entiende lo que le quiero decir? Podrá argumentar que, al no ser mujer, tampoco debería poder hablar de mujeres. La diferencia está en que, por lo menos, creo conocer *algo* de ellas. Aunque tenga amigos homosexuales, a quienes respeto y considero amigos, no sé de ellos lo suficiente como para presumir que los conozco como homosexuales. Son amigos, y es suficiente. Y hasta hoy ninguno de ellos me ha preguntado por qué no hay homosexuales entre mis personajes...

»No entiendo lo que quiere decir cuando se refiere al "papel del homosexual". En mi opinión, el (o la) homosexual no tiene ningún "papel" específico: como ser humano, su "papel" es ser lo más "humano" posible, independientemente de cualquier opción sexual. Que los homosexuales son discriminados es una triste verdad, pero también lo son, de distintos modos, todos los *diferentes,* empezando por los máximos discriminados, que son los pobres. Y los pobres son los únicos que nunca se han comportado como una secta, del tipo que sea: son demasiado numerosos para ello...»

6 de junio

Carta y estudio de Miguel Real.

7 de junio

Una carta de Agustí Vilar Martínez, de San Feliú de Llobregat (Cataluña):

«No sé cómo tengo el atrevimiento de escribirle, señor S., pero estoy seguro de que tiene mucho que ver con mi vanidad y, por descontado, mi trivial apego a la ociosidad. Tengo la fatal costumbre de perder el tiempo dedicándome a la poesía. Soy ciego y casi sordo. Su *Ensayo sobre la ceguera* fue el penúltimo libro que escuché de su dilatada obra. Su prosa malabarista y egipcia siempre me ha seducido. Tiene mucha suerte. Los libros leídos y grabados [...] a menudo no tienen unos mínimos de profesionalidad lectora. Los tres primeros libros que escuché, *Memorial, Reis* y *Manual,* fueron grabados excepcionalmente por la voz de una mujer que quita el hipo. Su *Balsa* y el *Evangelio* siguieron la misma senda, pero ahora con voz masculina, recia, implacable. El *Ensayo* también. El último que ha hecho sobre el escribiente de la Conservaduría General [...], decidí con otro compañero cegato, aficionado como yo a la literatura, grabarlo a través del PC. Una especie de ordenador para ciegos con el que escuchamos su prosa de trapecista. Obviamente la voz robótica hace perder encanto a su ritmo deliberado y sinuoso. Pero la estética para ciegos es simplemente un camino de acceso, cualquiera es válido con tal de que podamos masticar la información. Daría cualquier cosa, también, por conocerle y charlar una tarde entera de literatura. Su alegoría sobre los ciegos es tremenda y abyecta. Como Kafka pero sin metafísica. Nuestra sórdida e inexorable dependencia de los videntes y la escasísima dignidad con que somos capaces de aceptar la existencia en clausura de la luz, más que entristecerme me subleva inútilmente. Sin embargo, amo mucho su *Manual,* libro de una vivacidad y belleza insuperables, fascinantes. Coincidimos con Lorenzetti. Ahora que ya no veo casi nada (le escribo con un ordenador con programa especial de letras aumentadas con un nivel máximo de nitidez y una mañana entera dedicada a escribir esas inquietudes), la pintura difícilmente puedo disfrutarla. No disfrutar de la imaginación de la pintura es uno de los precios que uno ha de pagar por su penosa situación visual. Sobre el *Evangelio,* después de leer el *Ensayo* y *Nombres,* ahora aún lo valoro más. Lo que sí he observado es la inteligencia de sus lectores. Muchos están encantados con sus libros y yo lo celebro sobremanera. Como no soy aficionado a la televisión y me disgustan los periódicos por su propensión a la trivialidad y al horror, me pierdo sistemáticamente sus entrevistas. Simplemente me encantaría charlar con usted. ¿Algún día vendrá por Barcelona? Hágamelo saber. Nunca he tenido ocasión de poder tratar a un escritor de prosa tan perversa y divertida. Le adjunto un par de poemas míos. Espero que no le sea muy complicado mi catalán de pacotilla. En todo caso, no se lo tome a mal. Hay algo que nos une y ese algo es ese sordo fervor por la obra de Pessoa.»

8 de junio

Mesa redonda sobre la moratoria en Lanzarote. El turismo de calidad es el turismo respetuoso que va a un lugar que se respeta a sí mismo.

9 de junio

Samuel Ruiz ha dimitido de la Comisión Nacional de Asuntos Indígenas. La CONAI se ha disuelto.

10 de junio

Descubren en Amazonia una tribu desconocida.

12 de junio

Conferencia de Sergio Ramírez en la Sociedad Democrática. Cena en casa con Sergio y Tulita.

13 de junio

Cena con Joaquín García Carrasco.

14 de junio

«Su soberanía», para la revista *Visão:*
«Imaginemos que uno de estos días pasados el primer ministro portugués, después de intercambiar unas cuantas impresiones con sus ayudantes de confianza y de consultar en secreto al presidente de la República, se sentó a escribir

una carta a su homólogo británico, señor Tony Blair, que, como es sabido, es superintendente del Consejo Europeo hasta finales de mes. Imaginemos que, con el tono firme de quien es consciente del peso de cada palabra, principalmente cuando se trata de cuestiones que afectan a la sacrosanta soberanía de los países, António Guterres decía (recomendaba, exigía, aconsejaba, imploraba, pedía por amor de Dios) que "hay que corregir las aberraciones supercentralizadoras de Bruselas y respetar las estructuras constitucionales y administrativas nacionales". Si, tras haber forzado adecuadamente las circunvoluciones cerebrales, hemos logrado imaginar una proeza semejante, no nos resultará muy difícil adivinar cuáles podrían haber sido las reacciones del vecino de Downing Street 10 a la atrevida misiva del *premier* lusitano. Contentémonos, sin embargo, con una: el señor Blair acabó de leer la carta, la dejó caer encima de la mesa y se desahogó con su secretario: nuestro aliado más antiguo no está bien de la cabeza.

»Pero conviene aclarar que si António Guterres hubiese escrito realmente esa carta, habría sido la segunda sobre este tema en llegar a Londres, porque sobre la mesa de trabajo del señor Blair ya había otra, redactada en los mismos términos precisos por el señor Kohl y el señor Chirac. Es natural que nos preguntemos qué comentario habrá hecho el primer ministro británico a la insólita pretensión de sus más importantes socios europeos. Evidentemente, no dijo, ni siquiera con la boca pequeña, que el señor Chirac y el señor Kohl, por el hecho de reivindicar sus respectivas soberanías nacionales frente al centralismo europeo, necesitaban asistencia psiquiátrica urgente. Tras la sorpresa inicial, el señor Blair no tardó muchos minutos en llegar a la conclusión de que el señor Kohl había tenido en mente, sobre todo, las elecciones legislativas de su país, del próximo mes de septiembre, que la dichosa carta había sido escrita para que la leyesen los lectores alemanes y que, en el fondo, se limitaba a repetir lo que ya había dicho el canciller en el Bundestag, en abril, cuando el Parlamento aprobó la incorporación de Alemania al euro: que, a partir de la cumbre de Cardiff, "modificaría las prioridades de su política europea y haría hincapié en los intereses nacionales y regionales de su país". En cuanto al señor Chirac, como se va haciendo costumbre en Francia, no teniendo gran cosa que decir de su propia iniciativa, aprovechó la mano que le tendía el señor Kohl desde la ventanilla del tren en marcha y se dejó llevar colgado, inerte, por el túnel del canal de la Mancha...

»Cuando hace años me presenté voluntario para desempeñar, en las pocas tribunas públicas a las que tenía acceso, el antipático papel de aguafiestas de guardia (no por encargo, repito), oponiendo un obstinado *Sí, pero...* a los acríticos entusiasmos europeístas de nuestra clase política, escribí palabras como estas: "Se me objeta que todos los países que integran la Comunidad Europea están sujetos a las mismas alteraciones internas y a idénticos mecanismos unificadores, y que, por lo tanto, los riesgos, cuando los haya, serán, como manda la más elemental justicia, compartidos por el conjunto. La objeción, en principio, es pertinente, pero, confrontada con la realidad, es decir, con la relación efectiva de poder entre los Estados miembros, acaba viéndose reducida a una expresión poco más que formal. Un país económicamente inferior y políticamente subalterno, como es el caso de Portugal, siempre correrá riesgos más grandes y más graves que otros 'socios' suyos favorecidos por la historia, la geografía y la fortuna, pues, en lo que se refiere a soberanías e identidades, será forzado a renunciar, sustancialmente, a mucho más que aquellos otros que, por tener influencia económica y política de peso, están en condiciones de escoger e imponer el juego, de decidir las reglas y barajar las cartas".

»Da que pensar el que, precisamente cuando Europa se encuentra atada por el euro, aparezca el señor Kohl para decirnos que, al final, *Deutschland über alles.* No quiero que António Guterres proclame lo mismo para Portugal (sería tiempo perdido), pero tal vez no fuese mala idea ponerse a escribir esa carta, aunque fuese la última en llegar. Y antes de que sea demasiado tarde...»

15 de junio

Comunicación oficial del Premio Scanno, de Chieti, a *Casi un objeto.*

16 de junio

Para José Cândido de Azevedo, que está escribiendo un libro sobre la censura:
«Lo peor que tiene la censura no es el hecho de agredir directamente a la creación y el pensamiento de un determinado escritor o periodista; lo peor es que, indirectamente, alcanza a toda la sociedad. La escasa actividad literaria que desarrollé como autor de libros hasta el 25 de abril no atrajo nunca sobre mi cabeza las iras censorias. Como periodista o simple colaborador, primero en *A Capital* y en el *Jornal do Fundão,* y después en el *Diário de Lisboa,* donde en parte de los años 1972 y 1973 tuve la responsabilidad de la columna de Opinión (salvo algún artículo escrito en mi ausencia y cuyo contenido no asumí ni asumo), ahí sí que supe lo que era la indignación de ver cortadas palabras que escribí e ideas que expresé. Recuerdo las muchas veces que tuve que ir a la Comisión de Examen Previo, en la Rua da Misericórdia, a protestar contra cortes absurdos (como si los pudiese haber de otro tipo...), la humillación de esperar a que se dignasen a recibirme, la inutilidad de la argumentación con que intentaba defender mi trabajo, la mirada enemiga y la expresión espesa del "coronel" de turno... También me acuerdo del tiempo que trabajé en la

Editorial Estúdios Cor, cuando alguna vez que otra recibimos la visita de agentes de la Policía Internacional y de Defensa del Estado, que venían a aprehender libros. Era una especie de juego del gato y el ratón: los llevaba al almacén, les señalaba la obra que buscaban, pero la obra no estaba allí entera, la mayor parte se encontraba disimulada entre otros libros. Nunca se llevaron más de dos o tres centenas de ejemplares. La estupidez del régimen rayaba lo sublime: una vez llegaron para aprehender una novela de Colette, *Chéri*, que estaba en la lista de libros prohibidos...»

20 de junio

Chieti. Premio Scanno-Università Gabriele d'Annunzio. Entrevistas. Rueda de prensa. Entrega del premio en el Aula Magna de la Universidad. Ver «dossier». Visita al Museo. El paisaje de los Abruzos. El Gran Sasso...

21 de junio

Visita al taller de Susana Solano, con Teresa Blanch y Fernando Gómez Aguilera...

23 de junio

De una carta de Zeferino Coelho, comentando las preocupaciones que saqué a la luz en el último artículo para la revista *Visão:*
«Aunque el eje París-Bonn (muy pronto Berlín) te dé pronto la razón, supongo que seguirás clamando en el desierto. Jorge Sampaio hizo ayer en Berlín unas declaraciones que, en resumen, estipularon que la cuestión europea consiste en "compatibilizar" los puntos de vista de los dife-

rentes países. Añadió que el presidente Herzog está muy sensibilizado sobre las necesidades portuguesas en lo que se refiere a fondos. O sea, aseguran que los fondos vienen, y nosotros nos afirmamos dispuestos a aceptar los fondos que nos quieran dar. Todo lo demás es mera especulación. El sentimiento general es este: es mejor ser el más pobre de Europa que el más rico de África.»

25 de junio

Yuste. Academia Europea de Yuste. José Antonio Jáuregui. Discurso de Umberto Eco.

28 de junio

Humberto Werneck, de *Playboy.* Entrevista.

«El ciudadano portugués José de Sousa Saramago es uno de esos extraños casos de alguien que, ya maduro, dio un cambio radical a su vida. Hace veinte años, ya cincuentón, estaba tranquilamente instalado en Lisboa, en un segundo matrimonio: vivía de traducciones y tenía atrás una breve experiencia como periodista. En las horas libres, administraba una discreta carrera literaria, iniciada en su juventud con la novela *Tierra de pecado,* rápidamente interrumpida por casi dos décadas y desplegada, a partir de 1966, en una decena de libros que pasaron sin pena ni gloria, la mayor parte conjuntos de poemas y de textos periodísticos. Nada hacía imaginar que José Saramago se convertiría en quien es hoy: a punto de cumplir (el mes que viene) setenta y seis años de edad, un novelista leído y admirado en todo el mundo, traducido a veintiún idiomas e insistentemente señalado, desde 1994, como uno de los favoritos para ganar el Premio Nobel de Literatura, tradicionalmente anunciado en octubre, y que sería el primero concedido a un autor de lengua portuguesa.

»Fue entonces, ya casi sexagenario, cuando la vida de José Saramago —un niño pobre que no tuvo su primer libro hasta los diecinueve años y que en su juventud trabajó como mecánico de coches, aunque no sepa conducir— se volvió trepidante, con un terremoto benéfico que, en poco más de una década, dibujaría de nuevo su paisaje existencial. A los cincuenta y siete años, para empezar, despegó por fin como escritor al publicar *Levantado del suelo*. A los sesenta y cuatro encontró al que considera su amor definitivo en alguien veintiocho años más joven, la periodista sevillana María del Pilar del Río Sánchez. A los setenta se mudó de las orillas del Tajo a una reseca isla volcánica española por donde no corre un solo riachuelo y toda el agua tiene que ser sacada del mar, Lanzarote, la más oriental de las siete Canarias, con 50.000 habitantes y 805 kilómetros cuadrados.

»Allí, en una casa que es la primera y hasta ahora única propiedad de este persistente militante comunista, ha escrito sus libros más recientes, *Ensayo sobre la ceguera* y *Todos los nombres,* además de los diarios titulados *Cuadernos de Lanzarote,* engrosando una obra en la que ya destacaban las novelas *Memorial del convento, El año de la muerte de Ricardo Reis, La balsa de piedra* y *El Evangelio según Jesucristo.* En Brasil, donde ya se ha publicado lo mejor de Saramago, solo este último título ha vendido 85.000 ejemplares.

»El cambio en la vida del escritor surgió de manera accidental en 1975, cuando, destituido del cargo de director adjunto del *Diário de Notícias,* decidió no buscar empleo, abriéndose a la posibilidad de entregarse por completo a la creación literaria.

»José Saramago, que tiene una hija, Violante, bióloga, de su primer matrimonio, y dos nietos, Ana y Tiago, ya era un autor consagrado en 1992, cuando el ateísmo contundente de *El Evangelio según Jesucristo* desembocó en un episodio de censura que acabó motivando su traslado a Lanzarote, donde se instaló en febrero de 1993. El redactor jefe Humberto Werneck, de *Playboy,* ha estado allí para entrevistar al escritor:

»Blanca, con dos pavimentos, la casa de José Saramago se llama exactamente así, "A Casa", como se puede leer junto a la puerta de entrada. Está en el número 3 de la calle Los Topes, en una esquina de la minúscula ciudad de Tías, pero puede ser que el visitante tenga dificultad en encontrarla, porque el dueño de A Casa, tras haber leído sobre la historia del lugar, decidió restablecer su antigua denominación, hoy completamente olvidada, Las Tías de Fajardo.

»Los carteros de Lanzarote ya están acostumbrados a esta rareza, y no será extraño que les acabe pasando lo mismo a los demás lanzaroteños, sobre todo si el ilustre forastero llega a ganar el Premio Nobel. Ya son probablemente mayoría los nativos que reconocen a ese señor alto, esbelto y de cejas pobladas, con unas gafas demasiado grandes para su rostro y pelo gris que escasea en lo alto y abunda, algo alborotado, en la parte de atrás de la cabeza. Saramago recibió hace un año el título de hijo adoptivo de la isla, y solo no es "el" escritor de Lanzarote porque allí vive el novelista español Alberto Vázquez-Figueroa, de quien se ha hecho amigo.

»Reservado pero amable, de pocas risas pero lejos de merecer la fama de malhumorado que lo persigue, José Saramago acumula las características en principio excluyentes de un hombre al mismo tiempo casero y viajero: dos veces al mes, como media, abandona el paisaje lunar de Lanzarote para atender sus compromisos profesionales, siempre en compañía de Pilar del Río, hoy su traductora al español y revisora de las antiguas traducciones.

»Cuando está en la isla, el escritor sale poco de su casa, plantada en un jardín alfombrado de picón, cascajo fino de origen volcánico de color negro o teja oscuro. La vegetación dispersa incluye dos olivos que el escritor ha querido tener allí por ser los árboles de su infancia en Azinhaga, el pueblo de la región portuguesa de Ribatejo donde nació, hijo de padres campesinos muy pobres, y donde vivió hasta mudarse a Lisboa, a los dos años de edad.

»En uno de los rincones del jardín hay una piscina (cubierta, por el fuerte viento) de siete metros y medio de largo que el escritor atraviesa al menos treinta veces todos los días: una de las explicaciones de la excelente forma física en que se encuentra a solo cuatro años de volverse octogenario. Lo mismo debe decirse, también, de la bella y simpática Pilar del Río, que a los cuarenta y siete años, madre de un joven de veintiuno —Juan José, que vive en Sevilla con su padre—, no aparenta más de treinta y cinco.

»Marido y mujer tienen, cada uno, su despacho, y desde el de Saramago, en el segundo piso, se ve el mar. Las ediciones portuguesas y extranjeras de sus libros se reúnen en una estantería con cuatro baldas y metro y medio de ancho. En una fotografía, un letrero en francés provoca al ateo empedernido: *Dieu te cherche* (Dios te busca). En ese despacho (donde grabamos, en tres sesiones, las siete horas de esta entrevista), usando un portátil Canon acoplado a un monitor Samsung, Saramago escribe por la mañana y al caer la tarde su dosis diaria de literatura, nunca más de dos páginas, al son de Mozart, Bach o Beethoven, y responde algunas cartas; cerca de cien, como media, le llegan todos los meses de varios rincones del mundo.

»Después de comer, ya embarcado en la costumbre española de la siesta, da una cabezada o solo se relaja en el salón, en la planta baja. En esos momentos no le falta nunca la compañía de la fauna canina doméstica: el perro de aguas portugués (una especie de caniche) *Camões*, la yorkshire *Greta* y el caniche *Pepe*. Por la noche, en la cocina, se repite un ritual: los tres se sientan ante su dueño, que, cuchillo en mano, les reparte rodajas de plátano. *Pepe* fue así bautizado por el escritor con la esperanza de que no quedase para sí mismo ese nombre al que prácticamente todos los Josés se ven condenados en España. *Camões* se llama así porque apareció en la casa el día de 1995 en que Saramago ganó el Premio Camões, concedido anualmente por los gobiernos de Lisboa y Brasilia a un escritor de lengua portuguesa, y que ya distinguió a los brasileños Jorge Amado, João Cabral de Melo Neto, Rachel de Queiroz y António Cândido. A *Camões* le encantan los libros: ya se ha comido dos biografías del presidente surafricano Nelson Mandela, en diferentes lenguas, y últimamente se ha dedicado a roer los bordes de un grueso álbum de pinturas de Goya.

»Al contrario que otros autores lusitanos, Saramago exige que sus libros se publiquen en Brasil exactamente como salieron en Portugal, sin concesiones destinadas a facilitar la comprensión e interpretación del lector brasileño. En la transcripción de esta entrevista, *Playboy* no llega a adoptar la ortografía vigente en Lisboa, pero intenta no convertir en brasileño el discurso del escritor. Como, vaya, nadie es de hierro, algunas palabras aparecen "traducidas" entre corchetes.

»*A los setenta años, ha venido usted a parar a esta isla, con otra lengua, otra cultura. ¿Es un exilio?*

»La palabra es demasiado dramática. Si estoy aquí se debe a una decisión absurda, estúpida del Gobierno [portugués] de entonces [dirigido por el ex primer ministro António Cavaco Silva], en 1992, cuando un subsecretario [António Sousa Lara] de Estado de Cultura —imagínese, de cultura...— decidió que un libro mío, *El Evangelio según Jesucristo,* no podía presentarse como candidato al Premio Literario Europeo porque, según él, ofendía las creencias religiosas del pueblo portugués. Me disgusté e indigné mucho, y fue en ese momento cuando mi mujer me dijo: "¿Por qué no nos hacemos una casa en Lanzarote?".

»*¿Por qué Lanzarote?*

»Habíamos estado aquí un año antes y nos gustó mucho. Pero cuando mi mujer sugirió hacernos una casa, reaccioné como sería de esperar: "Pilar, por favor...". Pero dos días después ya le estaba diciendo: "A fin de cuentas, esa idea no es mala...". Son dos típicas reacciones masculinas. Cuando la mujer le dice al marido: "¿Y si hacemos esto así y así?", por lo general él responde: "¡No, menuda idea!". La segunda reacción es decir, veinticuatro o cuarenta y ocho horas después, como quien condesciende: "¿Sabes que a fin de cuentas esa idea tuya no es tan mala...?".

»*Un cambio como ese acarrea problemas de adaptación...*

»Sí, pero me adapto con mucha facilidad a situaciones nuevas.

»*Y ha tenido muchas experiencias tardías en la vida, ¿no?*

»Tengo que reconocer que las cosas buenas de mi vida han llegado un poco tarde. Cuando publico *Memorial del convento,* en 1982, tengo sesenta años, y con sesenta años un escritor, normalmente, ya tiene su obra hecha. No es que no tenga continuación, pero la parte central de su obra ya está hecha. Yo tenía algunos libros, pero todo adquiere otra dimensión con *Memorial del convento.*

»*Pero usted se estrenó hace tiempo, a los veinticinco años.*

»Tengo un libro que ha sido reeditado ahora —mi editor se ha empeñado, con ayuda de mi mujer—, una novela que publiqué en 1947. Se llama *Tierra de pecado.* No está mal escrita, pero hoy día tiene poco que ver conmigo. También escribí otro librito [la novela *Claraboya*] que anda por ahí, pero, en fin...

»*¿No va a publicarlo?*

»En vida mía, no. Después, si quieren...

»*¿De qué trata?*

»Es la historia de un edificio donde hay seis inquilinos, y es como si por encima de la escalera hubiese una claraboya por donde el narrador ve lo que pasa debajo. No está mal, pero no quiero que se publique.

»*Después de* Tierra de pecado *estuvo casi veinte años sin escribir. ¿Qué le pasó?*

»Si hubiese tenido éxito con mi primer libro... Pero también sería difícil esperarlo. Siempre he vivido aislado, nunca he pertenecido a grupos literarios, por las propias condiciones sociales en que vivía, sin grandes medios. Soy una persona que no ha pasado por la universidad, así que no ha creado un grupo de amigos en ese círculo que se supone de intelectuales. Siempre he vivido así, al margen.

»*Su formación literaria es algo errática, ¿no?*

»Ni siquiera errática [risas]... Yo diría condicionada por mi situación material. Tras la escuela primaria, entré en el instituto, donde solo estuve dos años. Mi familia no podía mantenerme allí hasta finalizar mis estudios. Después estuve en una escuela industrial y estudié cerrajería y mecánica. Y a los diecisiete, dieciocho años empecé a trabajar en un taller de automóviles, donde estuve dos años.

»*¿Qué hacía allí?*

»Desmontaba y arreglaba motores, regulaba válvulas, adaptaba y cambiaba juntas de motores. Ahora, quizá lo más importante de todo esto es que en esa formación industrial había una asignatura de Literatura, algo un poco extraño, y que me abrió el mundo de la literatura.

»*¿Su primer libro fue mal recibido?*

»No. Pero es un libro entre muchos, no tiene gran importancia. En aquel impulso escribí también *Claraboya*. No sé si en aquel momento fui consciente de que no tenía grandes cosas que decir y que, por lo tanto, no valía la pena. Lo mejor que me ha pasado es tener una vida lo suficientemente larga para que haya llegado lo que tenía que llegar.

»*Da la impresión de que el escritor tiene un manantial que puede explotar en la juventud o en la madurez. ¿Podríamos decir que ahora está brotando algo que había estado retenido?*

»Si existía ese manantial, yo no era consciente de ello. No he hecho nunca una lista de asuntos y he dicho: "Voy a hacer todo esto". Siempre que acabo un libro, no sé qué pasará después. He llegado a donde he llegado dando un paso tras otro, y esos pasos no estaban planeados. Pero esto tiene otra ventaja: me da una sensación de..., no quiero decir de juventud, sino de...

»... *vitalidad.*

»Quizá de una capacidad imaginativa que puede no ser muy común cuando se llega a la edad que tengo. Probablemente es eso lo que me lleva a decir: "Qué suerte he tenido, que todo lo más importante que tenía que hacer lo estoy haciendo en esta fase de mi vida". Porque si lo hubiese hecho a los cincuenta años, probablemente ahora no tendría nada más que decir. Si estuviésemos seguros de tener una vida larga, tal vez valiese la pena reservar para la parte final lo que tenemos realmente que hacer. Es la circunstancia en que nos encontramos la que nos obliga a decidir, y hay dos momentos importantísimos en mi vida. El primero es la aparición de Pilar. Se me abrió un mundo nuevo. El otro fue en 1975, cuando era director adjunto del *Diário de Notícias* y, por culpa de un movimiento que se puede llamar de contragolpe [político], me pusieron de patitas en la calle.

»*¿Qué fue lo que pasó?*

»El día 25 de noviembre de 1975 se produce, entre una parte de los militares, una intervención que suspende el curso de la revolución [la llamada Revolución de los Claveles, que puso fin el 25 de abril de 1974 a cuarenta y ocho años de dictadura salazarista] tal y como se venía desarrollando y que echa el freno a aquello que estaba siendo el movimiento popular. Fue la primera señal de que Portugal iba a entrar en la "normalidad". El periódico pertenecía al Estado y los responsables, en aquel momento, destituyen a la redacción y a la administración. Y en ese momento tomo la decisión de no buscar trabajo. Tenía muchos enemigos y no me hubiera resultado fácil encontrarlo. Pero ni siquiera lo intenté.

»*¿Enemigos en el mundo periodístico o en el mundo de las letras?*

»Enemigos en las letras los tengo ahora. En aquel momento no era nadie.

»*¿Se consideraba periodista o escritor?*

»No me he considerado nunca periodista. Porque siempre he entrado en los periódicos por la puerta de la administración, no por la de la redacción. No he hecho nunca una entrevista, un reportaje, no he escrito nunca una noticia. También es verdad que no me consideraba realmente escritor, porque lo que había hecho hasta entonces no me otorgaba ese estatus. En el fondo, no era más que alguien que esperaba que se organizasen las piezas del puzle del destino, suponiendo que haya destino, que no lo creo. Es necesario que cada uno de nosotros ponga su propia pieza, y la mía fue esta: "No voy a buscar trabajo". Tenía una idea vaga, quería escribir un libro sobre la vida de los campesinos. Empecé a pensar que lo haría sobre el sitio en que nací, pero las circunstancias me llevaron al Alentejo [región al este de Lisboa]. Me fui para allá en 1976, estuve durante semanas oyendo a la gente, tomando notas, y todo eso acabaría en el libro *Levantado del suelo,* que se publicó en 1980.

»*¿Qué pretendía cuando empezó a escribir? ¿Fama? ¿Dinero?*

»No quería nada. Solo quería escribir. Y en cuanto a eso de querer ser rico, ni siquiera ahora pienso en ser rico.

»*¿No es rico?*

»No. Al mirar estas paredes, digo: "Están hechas de libros". No tengo bienes de otra naturaleza. Si quisiera ser rico, habría permitido que se adaptase el *Memorial del convento* a una telenovela brasileña.

»*¿Recibió esa propuesta?*

»[La fallecida actriz] Dina Sfat, en Lisboa, me dijo: "Queremos hacer *Memorial del convento*". Yo le respondí: "No tengo ningún motivo para querer ser rico". Evidentemente que hoy se podrá decir: "Sí, pero usted vive bien".

Y vivo relativamente bien. Pero no es el resultado de un proyecto para hacerme rico.

»*Rechazó la propuesta de Dina Sfat pero aceptó otra, para adaptar cinematográficamente* La balsa de piedra.

»Ese fue un caso en el que cedí. Pero no cedí a otra cosa que a la simpatía de la propia persona [la profesora húngara Yvette Biro, de la Universidad de Nueva York]. Ella mostró un interés tan grande, de una forma tan inteligente... El guion está hecho, está buscando un productor, parece que está bastante adelantado... Pero la verdad es que no lo sigo, como si en el fondo quisiera que todo eso se abortara. Hay otras situaciones como, por ejemplo, la que se refiere al *Ensayo sobre la ceguera*. Ocho productoras norteamericanas y una inglesa están leyendo el libro. Ya se lo he dicho a mi agente: "Deja que hagan sus propuestas, pero no habrá adaptación del libro".

»*¿Ni siquiera si llega una propuesta extraordinariamente tentadora?*

»Hay que pensar lo que harían los productores norteamericanos con un libro como ese.

»*¿Qué harían?*

»Aprovecharían los elementos externos del libro, como la violencia y el sexo. Y lo verdaderamente importante, la interrogación sobre cómo nos comportamos, qué uso hacemos de nuestra razón, qué ceguera nuestra es esa que no es de los ojos sino del espíritu, qué relaciones humanas son esas que llamamos humanas y que tienen tan poco de humanas... La lección que pretende dar el libro desaparecería por completo.

»*¿Incluso en manos de un cineasta sensible, un Antonioni?*

»Bueno, hay dos o tres nombres que probablemente me harían pensarlo dos veces. La verdad es que los grandes directores se han acabado. Los directores, hoy, son meros funcionarios que hacen lo que les mandan los productores. Suelo resolver esta situación diciendo que no quiero ver la cara de mis personajes. Porque si yo no los describo...

»*Pero debe de tener imágenes en la cabeza cuando escribe.*

»No tengo a nadie en la cabeza. Me siento frente al ordenador con la idea de una historia que quiero contar, pero no necesito inspirarme en figuras reales.

»*¿Es verdad que todos sus libros han partido de un título?*

»Así ha sido prácticamente con todos. Han sido títulos dados, no sé por quién, no sé por qué. *El año de la muerte de Ricardo Reis* nació en Berlín. Había ido allí con unos cuantos escritores y un atardecer, cansado, me dejo caer en la cama, y en ese momento me caen del techo, casi, estas palabras: "El año de la muerte de Ricardo Reis".

»*¿Y* El Evangelio según Jesucristo?

»Ese surgió de una ilusión óptica, en Sevilla. Atravesando una calle en dirección a un quiosco de periódicos y revistas, en aquel conjunto de títulos y manchetas me pareció leer: "El Evangelio según Jesucristo". Seguí andando, después me paré y dije: "No puede ser", y volví atrás. De hecho, no había ni Evangelio, ni Jesús, ni Cristo. Si tuviera buena vista, si no fuese miope, probablemente ese libro no existiría. *Ensayo sobre la ceguera* nace en un restaurante. Estoy sentado, esperando a que me atiendan, y en ese momento, sin venir a cuento, pienso: "¿Y si todos estuviésemos ciegos?".

»*¿Es verdad que* Todos los nombres *nació en Brasil?*

»Nació cuando fui a recibir el Premio Camões [en enero de 1996]. El avión ya estaba bajando hacia el aeropuerto de Brasilia y, de repente, me viene a la cabeza esto: "Todos los nombres". Nada de esto está definido, aparece como ideas vagas que pasan, y algunas fueron tan claras, o al menos tan insinuantes, que me permitieron pensar: "Esto quiere decir algo". Después cuesta trabajo encontrar un camino para llegar a donde quiero. *Todos los nombres,* por ejemplo, fue bastante complicado y probablemente no existiría si no hubiese coincidido con la búsqueda de los datos de la vida y de la muerte de mi hermano [Francisco de Sousa]. Quería saber las circunstancias de la breve vida de ese hermano mío; tiene que ver con un libro para el que ya tengo mucho material recogido, que es una autobiografía...

»*¿El* Libro de las tentaciones?

»Sí. Una autobiografía que solo llega hasta los catorce años.

»*¿No le parece curioso haber empezado por el pecado* —Tierra de pecado— *para llegar cincuenta años después a la tentación?*

»No, pero son otras tentaciones. Si es una autobiografía que llega hasta mis catorce años, ¿qué tentaciones pueden ser? No las tentaciones de la carne, ni las del poder o la gloria, no. Nace un niño, y todo el mundo, que está allí para ser conocido, es como una tentación. Pero mi hermano mayor murió con cuatro años cuando yo tenía dos. Si voy a escribir un libro sobre mi vida, tengo que hablar de él. No sabía prácticamente nada de él, así que pedí un certificado de nacimiento, y ahí empezaron las sorpresas: no tenía fecha de muerte. Desde el punto de vista burocrático, mi hermano está vivo...

»*¿Incluso para quien no cree en la vida eterna?*

»Realmente no creo en la vida eterna, aunque vaya inventando formas para darle alguna eternidad a la vida. Cuando [en *Todos los nombres*] invento una Conservaduría del Registro Civil donde están todos los nombres y un cementerio donde estarán todos los muertos, en el fondo es una forma de dar eternidad a aquello que no es eterno, o al menos darle permanencia. Si no fuese por esa historia de mi hermano, tal vez hubiese escrito un libro llamado *Todos los nombres,* pero sería totalmente otro, porque mi búsqueda de los datos referentes a él es la que me lleva, en la novela, a llegar a una Conservaduría. Parece haber una especie de predestinación en todo lo que hago. Hay cosas que suceden y que suscitan otras ideas, así que todo es cuestión de estar atento al modo como se desarrollan esas ideas. Algunas no tienen salida, pero hay otras que encuentran su propio camino. No escribo libros solo para contar historias.

En el fondo, probablemente no sea un novelista. Soy un ensayista, alguien que escribe ensayos con personajes. Creo que es así: cada novela mía es el lugar de una reflexión sobre un determinado aspecto de la vida que me preocupa. Invento historias para expresar preocupaciones, interrogantes...»

3 de julio

Los animales virtuales. *Expresso* del 13 de junio. Llegará un momento en el que solo será real la muerte...

4 de julio

Carta de Antonio Bechara, de Buenos Aires.

5 de julio

Mundial de Fútbol. Caso del inglés que ha matado a un francés creyendo que era argentino. André Breton: «El acto surrealista más sencillo consiste en bajar a la calle pistola en mano y disparar al azar, mientras se pueda, contra la multitud».

6 de julio

Consideraciones de Eça de Queirós.

7 de julio

El ministro de Educación inglés ha decidido prohibir las calculadoras para menores de ocho años. No saben multiplicar ni restar... Compararlo con el tiempo en que se pedía: «Repite lo que has leído, con tus palabras...».

9 de julio

Soria. Conferencia: «Confesiones de autor». Paseo: Calatañazor, El Burgo de Osma. Aquí el hombre que fue a su casa a buscar tres libros para que se los firmase. En la cena: la chica que se acercó: «Vengo de los Sanfermines. Quiero darle las gracias por todo lo que ha escrito y la manera como está en la vida. Lo necesitamos, lo necesitamos mucho. Siga, por favor. Y también quiero decirle otra cosa: es usted mi abuelo preferido». Se marchó llorando.

10 de julio

Asombro. El Ayuntamiento de Madrid me propone para el Nobel. En Lanzarote, el taxista que me ha traído del aeropuerto me cuenta que el terreno donde ahora se levanta mi casa había pertenecido a su familia y recordó que cuando tenía diez años labró esta tierra pobre con un camello...

11 de julio

Carta para Cleonice Berardinelli con disculpas y algo más:
«Podría decir que los viajes, que el trabajo, que esto y aquello, pero vuelvo a leer su carta (¿por qué llamarla fax, si es carta?) y me callo: si alguien aquí ha viajado, si alguien aquí ha trabajado, esa es la profesora Cleonice Berardinelli... Así que tendría que buscar otra justificación para la falta de respuesta, y realmente no la encuentro. O quizá sí, si tienen razón aquellos que creen (lo creo yo, los demás no

lo sé) que los motivos de nuestros actos, para evitar pérdidas de tiempo, deberían buscarse siempre *más lejos*. Más lejos, ¿dónde? Más lejos, sencillamente, ya se vería dónde cuando los encontrásemos... Parece que estoy dando vueltas *autour du pot,* pero no es verdad. Es posible, al final, que haya un motivo para el silencio con el que Lanzarote recibió la carta. Me dice que, en opinión de Eduardo Lourenço, *Todos los nombres* es mi mejor libro. Estando yo también de acuerdo, parece que debería alegrarme un juicio del que, además, mi querida amiga no está muy lejos, a pesar de su confesada e irremediable pasión por el *Memorial*. Una opinión íntegra de uno, otra casi de otro, ¿qué más quiero? Nada, no quiero nada. Solo me inquieta que pueda *ser verdad*. ¿Y por qué me inquieta así? Es difícil de explicar. Hace unos meses me escribió Manuel Alegre, a propósito de *Todos los nombres,* unas palabras que me perturbaron y me han perturbado hasta hoy. Decía: "¿Adónde va a ir a parar? Me da miedo...". Realmente, a partir del *Ensayo* ha cambiado mi relación con el acto de escribir, lo que solo puede significar que algo habrá cambiado en mí. He intentado explicar esto a través de la metáfora de la estatua y la piedra: digo que hasta el *Evangelio* estuve describiendo una estatua, la superficie de la piedra (la estatua es solo la superficie de la piedra...), y que con el *Ensayo* he pasado al lado de dentro, la piedra solo piedra y nada más que piedra. ¿Queda así más claro? Probablemente no, pero es lo que siento. Si a todo esto se le une que cada vez me interesa menos hablar de literatura, que hasta dudo de que se pueda *hablar* de literatura, tal vez se comprenda que su carta me haya dejado en silencio. Por no saber qué decir. Lo está diciendo ahora, objetará. Sí, es verdad, pero sin la seguridad de que las explicaciones lo expliquen... Y, si no lo explican, ¿para qué sirven? Es lo que le pregunto. En el fondo, quién sabe si habrá una explicación mucho más sencilla: la de que no estaba preparado para ser aquello en lo que parezco haberme convertido, una especie de aprendiz de hechicero que ha puesto en acción fuerzas que lo están llevando no sabe dónde. Como preguntaba Manuel Alegre...»

12 de julio

Para la revista *Visão,* con el título «Los referendos»:
«Tal vez sea por vivir lejos. A pesar de los atrasos del correo, que a veces llega a darme la impresión de que viene con toda su pachorra en carabela, disfrutando de las brisas marítimas y el balanceo de las olas, cuando no de la inmovilidad de la calma, las noticias (me refiero a las de mi terruño natal) siempre acaban alcanzando estos parajes. Recibo dos o tres semanarios de información general, y si son pocas las veces que recurro a los beneficios del satélite, es solo por no poder aguantar el trato que, sin pudor ni remordimiento, infligen los locutores a la pobre lengua portuguesa. En todo caso, a pesar de estas desventajas, creía disponer, hasta ahora, sobre la vida política nacional, de datos suficientes como para que la cabeza me fuese generando unas cuantas ideas razonablemente cercanas a la realidad. Será porque vivo lejos, será porque la carabela se ha retrasado más que de costumbre, será porque a los periódicos patrios les gustan demasiado los cotilleos que llaman política y aprecian poco el examen de los hechos, será porque he dejado de entender el idioma en que me hablan: no me cabe duda de que cada uno de estos factores ha ayudado con su parte; pero el golpe final, tampoco tengo dudas, me lo han dado los referendos.
»La iniciativa de un referendo (da lo mismo que se trate de un plebiscito o de unos comicios, o de una elección entre esto y aquello, como compra de cualquier producto de consumo) deberá presuponer la difusión previa de una información que, por lo general, podamos considerar, al menos, apropiada y suficiente, si, por falta de un cierto querer (la "voluntad política") o de un cierto saber (la "competen-

cia técnica"), no la dieron, como cabría, de una manera amplia, completa, a todo el mundo. De lo que pasó con el referendo sobre la interrupción voluntaria del embarazo ya no vale la pena hablar, tan extremo fue el ridículo en el que, estupefactos, vimos caer a instituciones (gobierno, partidos) que deberían darnos todos los días ejemplo de responsabilidad y seriedad, sin demagogias ignorantes ni jesuíticas reservas mentales, respetando la inteligencia y el sentido común. Pero ahora, ay de nosotros, dos referendos más nos amenazan: uno sobre nuestra adhesión a Europa, otro sobre las regiones. Diré sobre ellos algunas palabras, aunque solo por un deber de responsabilidad, ya que son cada vez más fuertes mis dudas sobre la eficacia de un artículo de periódico, o por lo menos, para ser franco, de los que escribo yo.

»Habiendo desaparecido de Portugal la monarquía, se acabaron también, como consecuencia de ello, los apelativos reales (con una falta de respeto absolutamente censurable, los diccionarios insisten en decir que apelativo es lo mismo que apodo), pero, si me pidiesen que pusiese apelativos a los referendos que tenemos a la vista, no tendría dudas: bautizaría el de las regiones con el nombre de *Absurdo* y el de Europa con el nombre de *Escarnio.* Digo que el referendo sobre las regiones es absurdo porque un país como Portugal, no siendo, obviamente, una única región, podrá, como compensación, ser visto como un conjunto de complementariedades que precisamente los egoísmos locales no habrán dejado explotar. Y digo que es absurdo porque sus defensores parecen no reparar en la situación de los países (hagan una excursión a España, que está cerca) en que la fiebre regionalista, bajo la utilización casi siempre perversa de alegados derechos históricos, se ha convertido rápidamente en fermento de desagregación de los Estados. Creo que no soy sospechoso de defender el Estado por el Estado, pero todavía menos defendería un proceso de fragmentaciones nacionales que (dividir para reinar) solo podrá convenirles a los inventores de ese autoritarismo nuestro que llaman globalización...

»En cuanto al referendo sobre la adhesión de Portugal a Europa, ¿cómo podremos llamarlo? Nos han metido ahí sin merecer el respeto de una explicación, han aplaudido el Tratado de Maastricht sin decirnos en qué consistía, y ahora, firmado el de Ámsterdam, es cuando se acuerdan de preguntarnos si estamos de acuerdo. Si la respuesta es "sí", es porque queda patente la vocación europea de los portugueses; si es "no", se dirá lo que todo el mundo sabe, que es imposible salir de Europa. ¿Están jugando con nosotros? Conozco el valor de las palabras: el nombre de esto es realmente escarnio...»

16 de julio

Treinta heridos en el desalojo de un campamento beduino en Belén por parte del ejército israelí.

20 de julio

Inauguración de los encuentros de poesía en la Fundación Rafael Alberti. Exposición. Visita a Alberti.

21 de julio

Artículo de James Petras en *El Mundo*. Bajo el imperio de Estados Unidos.

25 de julio

De la *Autobiografía* de Bobbio (página 200).

28 de julio

Para el Aretino de Pablo y Giancarlo:

«El retrato está en Florencia, en la Galería Palatina. Representa a un hombre corpulento, de cabeza maciza, frente ancha y despejada, nariz potente, con una larga barba donde ya asoman las canas, labios que se adivinan gruesos, ojos rasgados y profundos. Ningún monarca habrá mostrado una presencia tan imperiosa, ningún profeta habrá parecido tanto que lo era. Despojado de las ropas lujosas y coloreadas que ocultan su cuerpo y cubierto con un manto de piedra blanca, podría colocarse en el lugar del *Moisés* de Miguel Ángel, el que está en San Pietro in Vincoli, y quizá ni se notara el cambio, tan corriente es que nuestra vista se deje engañar por lo que parece. Cuando Miguel Ángel golpeó con su maza de escultor la rodilla de la estatua y le ordenó que hablara, creímos tal vez adivinar lo que habría dicho el profeta. Él es Moisés, el que sostiene las tablas de la ley, en su poderosa cabeza despuntan los cuernos que son la señal con que lo marcó el poder divino; por tanto, lo propio y natural sería que repitiera paso a paso aquello que, precisamente por orden suya, había escrito: "En el principio, cuando Dios creó el cielo y la tierra...". Y continuaría así hasta el final del Pentateuco. Siendo, no obstante, cualquier profecía, da igual si cumplida, realizada o fundadora, nada más que una simple parcela de una verdad siempre por alcanzar, quizá Moisés, al obedecer la imposición de Buonarroti, hubiera preferido tomar otras palabras, aquellas que Juan escribirá en Patmos, mucho más misteriosas: "Al principio era el Verbo...".

»No parece posible, razonablemente, salvar las distancias de toda especie, tanto las temporales como las de sustancia, que separan del Apocalipsis la pintura de pompa

143

expuesta en la Galería Palatina, a menos que queramos imaginar que también Tiziano, tras rematar la obra y esparcir sobre la tela la última capa de barniz, dio un paso atrás, miró fijamente la figura del hombre llamado Pietro Aretino que acababa de retratar y, como Miguel Ángel, ordenó: "¡Habla!". Nos atrevemos a imaginar unas palabras que podrían haber salido de la boca sobrehumana de Moisés y, sin duda, nos habremos equivocado, porque ni siquiera hemos previsto la posibilidad de que dijera simplemente: "No quiero ser más que el hombre que fui", y ahora, ante un Aretino que vuelve lentamente la cabeza hacia Tiziano y abre, para hablar, lentamente los labios, tan gruesos como los del profeta, desearíamos que las palabras que va a pronunciar, aunque parezcan decir lo contrario, significaran en definitiva lo mismo: "No quiero ser más que el hombre que nunca he sido".

»¿Qué hombre fue, entonces, este Pietro Aretino para que su retrato nos diga que no quiere seguir siendo el hombre que había sido hasta ese momento? En verdad, no deben de ser muchas las personas en este bajo mundo cuyas vidas hayan justificado con más serios motivos las calificaciones justicieras, todas ellas negativas, con que su tiempo y después la posteridad definieron la personalidad y sobre todo el carácter de Pietro Aretino: fue venal, fue cobarde, fue vil, fue inmoral, fue extorsionador... Habiendo vivido en una sociedad corrupta (la del poder político y religioso de la Italia pontificia y cortesana del siglo XVI), y a pesar de haberla denunciado en sus escritos, se hizo tan corrupto como ella, ya que en sus manos la exhibición pública de los vicios ajenos se transformaría rápidamente en el instrumento con que alimentó, hasta el fin, sus propios vicios. Si la majestuosa e intimidadora figura del retrato pudiera realmente hablar, jamás habría pronunciado las palabras que, para los objetivos de esta ficción, fueron puestas en su boca. Al contrario: de ser Pietro Aretino conocedor de algún secreto vergonzoso de la vida íntima de Tiziano, sería bien capaz de amenazarle con revelarlo en caso de que el pintor pretendiera aprovecharse de su trabajo...

»Nacido en Arezzo en 1492, hijo, según se cree, de un artesano llamado Luca del Tura, autor de cartas que son terribles libelos, pero también de poesías, dramas, comedias, hagiografías (compuso *Vidas* de la Virgen María, de Catalina Virgen y Mártir, de Santo Tomás Beato...), escritor que ocupa con todo derecho el espacio y la atención que le dedican las historias de la literatura italiana, el hombre que fue Pietro Aretino hizo de la extorsión, la intriga y la calumnia premeditada su verdadera profesión. Su silencio, siempre que se decidió a venderlo, fue cobrado a peso de oro, y de esa misma y sustantiva manera se hizo pagar por los servicios que prestaba como denunciante por cuenta ajena. No encontró otro modo de vivir como quería, entre el lujo y el placer. Creció a la sombra de banqueros y señores mientras se preparaba para convertirse, él mismo, en la sombra inquietante que se alimentaría de pasquines y delaciones. Dotado de una extraordinaria capacidad para sacar provecho de los acontecimientos, cambiará la protección del rey de Francia, Francisco I, por la del emperador Carlos V, porque, entre vencido y vencedor, echadas fríamente las cuentas, concluyó que de este le vendrían mayores beneficios. Los últimos treinta años de su vida (moriría de un infarto en 1556) los pasó en Venecia, recibiendo honores y reconocimientos de todas partes. Su casa se hizo famosa en toda Europa como lugar de encuentro de literatos y artistas. El crimen compensa.

»En 1524, como consecuencia de un escándalo, Pietro Aretino fue obligado a huir de Roma, donde por entonces estaba viviendo más o menos bajo la protección del papa Clemente VII. La causa del escándalo y de la consiguiente fuga había sido la composición y publicación de dieciséis sonetos sobre otros tantos dibujos del pintor y arquitecto Giulio Romano, antiguo discípulo y colaborador de Rafael. Son los *Sonetti sopra i "XVI modi"*. Será interesante, sin duda, observar que, al contrario de lo que le sucedió a Aretino (y también a Marcantonio Raimondi, grabador de los dibujos), no parece que Giulio Romano haya sido objeto de persecución alguna. La explicación inmediata de esta disparidad de procedimientos se encuentra, presumiblemente, en lo que, en términos muy simplificados, se podrá señalar como resultado de una diferencia socialmente reconocida entre lo privado y lo público. La piedra de escándalo no estaba en que Giulio Romano hubiera dibujado unas cuantas archiconocidas posturas eróticas; estaba en la publicidad que se les había dado, primero por el grabado y multiplicación de los dibujos, después por su interpretación literaria. Tal vez, sin embargo, sea posible adentrarnos un poco más en el entendimiento de los hechos y las circunstancias en que ocurrieron, si nos atenemos no solo a la distinta naturaleza de la *información* contenida en los dibujos y en los sonetos, sino también a su densidad y perdurabilidad...

»El problema de fondo se encontrará, posiblemente, en la inestable línea de frontera, en la movediza y cuestionable distinción entre lo que, en general, se dignifica y honra como erótico y lo que, en general, se aborrece y desprecia por pornográfico. Querer resolver la dificultad recurriendo a las definiciones diccionarísticas comunes de erotismo y de pornografía no serviría sino para confundir aún más las cosas, dado el carácter intercambiable de algunos de los conceptos con que se constituyeron una y otra. Pongamos, de momento, a un lado las palabras de los diccionarios y apelemos a las imágenes explícitas del arte al que, en algunos casos por mera ampliación de lo que llamamos cultura, hemos pasado a denominar erótico; un arte producido en tiempos y lugares distintos y del que se pueden dar aquí como ejemplos ilustres determinadas esculturas de iglesias medievales, determinadas estampas chinas y japonesas o, suprema demostración, el friso del Paraíso del templo de Vishwanath, en la India, ante el que nadie osará decir, a pesar del realismo casi fisiológico de las composiciones esculpidas, que lo que sus ojos están contemplando es pornografía...

»¿Qué será entonces lo que distinga el erotismo de la pornografía? O mejor, y yendo directamente al asunto que nos viene ocupando: ¿serán eróticos los dibujos de Giulio Romano? ¿O son, al contrario, pornográficos? ¿Serán pornográficos los sonetos de Pietro Aretino? ¿O son, al contrario, eróticos? ¿Qué criterios precisos, qué pautas reguladoras, qué normas de juicio podrán decidir sobre la aposición de cualquiera de estos rótulos a una obra de arte o a una obra literaria? Es más que probable que, tras considerar los diversos factores, tanto los inmediatos como los hipotéticos, de presunto orden racional (los criterios, las pautas y las normas a que aludimos), acabemos concluyendo que los únicos instrumentos fiables de medida, aunque subjetivos, son el gusto y la sensibilidad. Ahora bien, tanto el gusto como la sensibilidad son medidas altamente variables, hasta el extremo de que no hay dos personas que coincidan del todo en ellos, y tan variables en el individuo que no se mantienen constantes a lo largo de una vida. Lo que significa que los sonetos de Aretino y los dibujos de Giulio Romano serán llamados eróticos o pornográficos según el tipo y el grado de gusto y sensibilidad de cada receptor considerado personalmente, en el marco, claro está, de un gusto y de una sensibilidad predominantes.

»Todo esto, bastante obvio, nos lleva finalmente al punto que tenemos por esencial y que ya iba aflorando a lo largo del texto, de modo más patente en la alusión hecha antes a la naturaleza, a la densidad y a la perdurabilidad *informativa* de los dibujos de Romano y de los sonetos de Aretino. Sobre la *naturaleza* de la información, no parece que requiera una atención particular: expuestas, en el primer caso, por una ordenación de trazos, y explicadas, en el segundo caso, por una ordenación de palabras, lo que encontramos son representaciones de diversos actos (los *modi*) sexuales entre un hombre y una mujer. En cuanto a una evaluación de la *densidad* de esa información, o, mejor dicho, de su *intensidad* y, por tanto, de los efectos causados en el receptor, parece claro que dependerá, más que nunca, de la sensibilidad y el gusto de cada uno. Queda entonces la *perdurabilidad*. ¿Qué deberá entenderse por tal? No la *perdurabilidad* de los efectos (cualesquiera que puedan haber sido) causados por la lectura de los sonetos o por la observación de los dibujos, sino la *duración,* en el espíritu del receptor, de la impresión inicial recibida de unos y otros. Teniendo en cuenta aquello que representan, los dibujos de Giulio Romano podrán ser tomados sin esfuerzo excesivo como pornográficos. Pero ¿estarán condenados a serlo para siempre? Es dudoso. Incluso diremos que no hay nada menos seguro. Poco a poco, la observación repetida de esas imágenes (o de otras del mismo género) irá situando en primer plano los factores eróticos presentes, al mismo tiempo que diluirá lo que hubieran tenido de pornográfico. A riesgo de caer en una paradoja, nos atrevemos a sugerir que la pornografía de una imagen es susceptible de *erotizarse* a través de la observación... Y esa otra ordenación que son las palabras de los sonetos de Aretino, ¿cómo se comportará al ser también sujeto de un proceso idéntico de aprehensión del sentido? ¿Recorrerá su propia *perdurabilidad* el camino por el que hicimos pasar las imágenes? Si entendemos que los sonetos —verbo, verbo como principio, verbo como fin— sobre los dieciséis modos son simplemente eróticos, ¿podrá una lectura repetida *pornografizarlos*? ¿O *erotizarlos,* si son pornográficos?

»Si no nos extraviamos demasiado durante el análisis que nos ha traído hasta este punto, todo indica que la *perdurabilidad* de la palabra, o su *fijeza,* o, en otras palabras, la *duración* de lo que exprese en la forma-contenido en que lo expresó, superará siempre la de la imagen. Diremos, entonces, que la forma-contenido de los sonetos de Pietro Aretino nos parece tan irremediablemente pornográfica; que no solo el tiempo pasado no ha conseguido erotizarla, sino que creemos que tampoco la erotizará el tiempo futuro. Al final, tal vez se trate, en todo esto, de saber si Eros está presente. Los dibujos de Giulio Romano no expulsaron el Amor, es todavía Amor lo que está sucediendo en cada uno de ellos, al tiempo que en los sonetos de Pietro Aretino no se ve ni se presiente una señal, aunque sea breve, de su presencia. No creemos que sea necesario buscar más allá...»

31 de julio

Para Rosina Gómez-Baeza, directora de ARCO, algunas palabras sobre la participación portuguesa de este año, aprovechando el *Manual:*

«Habiendo pensado que no debería ponerle un nombre al pintor protagonista del *Manual de pintura y caligrafía,* decidí llamarlo solo con la letra H., que tanto podría ser la inicial de Hombre, según creyó un crítico, como, por ejemplo, la del onomástico Honorato (tomado, oh ilusiones, de Honoré de Balzac...), seudónimo con el que, muchos años antes, había suscrito y enviado al concurso literario organizado por una editorial de Lisboa una novela de juventud titulada *Claraboya,* que ha permanecido inédita hasta hoy. (Es muy difícil desenredar los complicados caminos que siguen las ideas dentro de nuestras cabezas, en concreto sus raíces más remotas, y, dificultad suprema, descubrir qué parte de responsabilidad tuvieron esas raíces en un pensamiento que, al surgir, nos había parecido como un simple e inmediato fruto de la ocasión.) Mi H. no es más que un mediocre pintor de retratos, dotado de suficiente habilidad para reproducir en la tela (todavía pinta sobre tela y al óleo, el pobre...), pero incapaz de sobrepasar la línea fronteriza que lo separa de lo que imagina que es el arte *verdadero,* es decir, el arte producido por los *otros.* Él mismo lo dice: "Esto que hago no es pintura". H. es solo H. porque su mediocridad le ha impedido tener *nombre,* y es porque el arte, en su caso, quedó *por hacer,* por lo que su nombre quedó *por acabar.* Porque en la expresión acabada de lo que se tiene para decir es donde está el nombre que se merece tener.

»Por estas y otras razones menos "filosóficas", al pintor portugués H. no lo invitarían nunca a llevar sus retratos a ARCO. Si tuviera esa loca pretensión, enseguida aparecería alguien recordándole las palabras que él mismo escribió (la novela está escrita en primera persona) al principio de su *Manual:* "Decían los críticos (cuando hablaban de mí, poco y hace muchos años) que llevo al menos medio siglo de retraso, cosa que, en rigor, significa que me encuentro en aquel estado larval que va de la concepción al nacimiento: frágil, precaria hipótesis humana, ácida, irónica interrogante sobre lo que haré cuando sea". H. no necesita que le digan que no es un buen pintor (lo sabe bien...), pero goza de la rara virtud de conocer con rigurosa precisión sus limitaciones. Consciente de que no llegará nunca a ser grande, querrá, al menos, descubrir las formas y modos de grandeza que existan en lo pequeño. Solo por eso seguirá pintando.

»Un día, H. habrá entrado en ARCO. Contempló las pinturas para intentar entender qué había en ellas que le faltaba a él, rodeó las esculturas como si cada una fuese el sol y él el satélite, preguntó a las instalaciones (se preguntó a sí mismo...), porque cree que esa es la mejor actitud que se puede tener ante ellas, y, tras haberlo visto todo, volvió a Lisboa, a su pequeño atelier de retratista, al trabajo diario. Si alguna vez llega a conseguir lo que quiere, se sabrá. Entonces, ARCO no tendrá otro remedio que invitarlo...»

1 de agosto

Por una noticia publicada en *Visão* he sabido por fin de qué homenaje le hablaba Duarte Lima a Baptista-Bastos. Nada más y nada menos que ponerle mi nombre a una calle de Mafra...

4 de agosto

Vuelvo de una incursión rápida en la Península. Victorino Polo, catedrático de Literatura Hispánica en la Universidad de Murcia, de cuya amistad ya dejé agradecida muestra en estas páginas (véase *Segundo Cuaderno*, 15 de marzo), ha organizado, en el contexto de los Cursos de Verano de la Universidad Complutense, celebrados como de costumbre en El Escorial, un curso sobre el tema «Literatura fin de milenio», con lecturas, mesas redondas y debates. Como me ha tocado a mí inaugurarlo (también intervendrán Ana María Matute, Francisco Umbral, Alfredo Bryce Echenique y Fernando Arrabal), he llevado para leerles a los alumnos *El cuento de la isla desconocida,* una historia que parece haber nacido bajo el más favorable de los influjos astrológicos, si puede servir de evaluación el entusiasmo y la duración de los aplausos. En la mesa redonda (animadísima) participaron Andrés Sorel y Juan Cruz, además, claro está, del propio Victorino Polo y del autor del cuento. A dos años del inicio del nuevo milenio, era inevitable que alguien quisiera saber cómo será la literatura en la centuria que está nada más doblar la esquina. He respondido más o menos en estos términos: «No sé cómo será la literatura del siglo xxi. Recuerdo, sin embargo, que a finales del siglo xix todavía se podría esperar el advenimiento de un Proust, pero sería muy difícil prever la aparición de un Kafka, y seguramente imposible imaginar a un James Joyce. Lo mejor es no hacer pronósticos». Otro alumno afirmó que la literatura de hoy está «domesticada», y he respondido que es verdad que estamos observando una operación de «domesticación», dirigida fundamentalmente por el Mercado, en nombre de supuestos (y sobre

151

todo fomentados) gustos de los lectores, pero que, a pesar de todo, todavía hay una literatura que no se deja «domesticar». «El problema está —he concluido— en que vamos a necesitar muchos lectores indomesticables para que la literatura siga siendo indomesticable». Tal vez llevado por el atrevimiento de la idea, he propuesto que los medios de comunicación social, en especial la radio y la televisión, creen tertulias permanentes de lectores (de lectores, no de críticos) para que, desde su punto de vista personal, hablen de los libros que nosotros escribimos y ellos leen. Veremos si alguien se hace eco de la idea.

5 de agosto

No hemos ido nosotros a Chiapas, ha venido Chiapas hasta nosotros. Llegada de María Novoa.

8 de agosto

Un día dejé anotada en estos *Cuadernos* la única idea absolutamente original que había tenido hasta entonces (y sospecho que desde ese momento no he conseguido sacarme de la cabeza otra de semejante quilate); aquella luminosísima ocurrencia de que en la publicación de la obra completa de un escritor debería haber un volumen o más con las cartas de los lectores. Se habla, se discute, se discurre sobre las teorías de la recepción (¿empujando puertas abiertas?), y parece que nadie se fija en el inagotable campo de trabajo que ofrecen las cartas de los lectores. En lo que me atañe, dejo aquí dos documentos que no podrían faltar. Los ha escrito José V. Gavilanes Cueto, de León, y la destinataria de la primera carta es Pilar:

«Querida Pilar: te escribo a ti para que hagas llegar esta otra carta a don José, después de leerla tú también, que no puede haber secretos entre quienes escriben y leen.

»Cuando te pido que le des esta carta, sabes lo que te pido, que mujer eres y de corazón sensible: intercede, implora, suplica, hazle entrar en razón, que nunca nada se le resistió a una mujer cuando de pedir algo a un hombre se trata, aunque sea imposible. Acuérdate de que es viejo como el mundo que el hombre comió porque su compañera le invitó y que en aquellas bodas agua y vino se confundieron por la compasión de una mujer.

»Gracias por ello, Pilar.»

La carta para mí es más extensa:

«Querido don José: el asunto que me preocupa no es leve, máxime cuando nos afecta a los dos. Verá usted: hace tiempo escribí algunas novelas que son de la misma familia de las "suyas". Solo le voy a hablar de dos o tres. Una de ellas empieza "Dijo el corrector, Sí, el nombre de este signo es deleátur"; otra empieza describiendo un grabado, creo que de Durero, que representa un Calvario; otra, en fin, narra la niñez y el crecimiento de un Escorial portugués.

»No sonría así, don José, que es asunto serio, tanto cuanto lo son jueces y tribunales, togas y martillos (pero sin hoces, compañero), pues a tenor del artículo 270 del vigente Código Penal "será castigado con la pena de prisión de 6 meses a 2 años o de multa de 6 a 24 meses quien reproduzca, plagie, distribuya, en todo o en parte, una obra literaria...".

»"Mi defendido aporta como pruebas irrefutables de la autoría de sus obras las primeras ediciones de esas obras y otras que, sin duda, calificarán del mismo estilo críticos y simples lectores, que mucho seso no falta para ello. Y en todas ellas figura el mismo nombre como autor: José Saramago. Otrosí, el demandante no aporta ni un mínimo indicio, por lo que han de volverse las tornas y las voces, convirtiendo en activa la pasiva y en demandado el demandante."

Con estas breves flores de su letrado es suficiente para conocer el tenor de todo el alegato (así se dice en jerga).

»Sé que usted es un hombre de buen corazón; escuche mis razones y júzgueme según este y déjese de códigos que dan pena. Cierto que en esas obras figura su nombre, pero no sería la primera vez que en la historia del deleátur acontece una enmienda indebida, José Saramago por José Gavilanes, más aún cuando cuenta usted con un conocido, familiar o amigo que trabaja en la Conservaduría del Registro y, aunque también de buen corazón, no es la primera vez, quede esto entre usted y yo, que falsifica credenciales, autorizaciones y firmas.

»Mas dirá usted que si aporto yo alguna prueba. La más decisiva que pensarse pueda entre personas de bien: el testimonio de muchos conocidos y amigos: Jesús, compañero de trabajo con el que muy a mi pesar conversé poco de libros, de viajes y de vida por tener turnos opuestos de trabajo; Alberto, lector culto y con criterio, que me aseguró que no tenía prisa por acabar un libro, el de Ricardo Reis creo recordar, porque estaba seguro de que le iba a gustar mucho y me agradeció que fuera yo, no usted, don José, quien se lo descubriera; Luis Gerardo, con quien disfruto saboreando episodios, mensajes y vidas de estos libros... ¿Qué más testimonios quiere? Cuando ellos leen esos libros, a mí me recuerdan, conmigo conversan, juntos disfrutamos. Para ellos, y son los lectores quienes importan, yo soy el autor, don José, a usted no le conocen; y no me diga que un nombre en una portada es suficiente para conocerle, que nunca nombre y apellidos han podido servir alguna vez para conocer a alguien, pues de lo contrario en balde se desolló rodillas y alma su amigo don José, el de la Conservaduría, queriendo a alguien a quien no conocía, aunque sabía nombre y apellidos, y hasta retratos consiguió, viejos y atrasados, eso sí.

»No insisto más, don José. Dejémonos de pleitos y tribunales, que ya conoce la maldición de la gitana (pleitos tengas y los ganes), cuanto más si sale escaldado, como no habrá dejado de reconocer a la vista de mis argumentos.

»Retiro la demanda a cambio de que cuanto antes dé a la imprenta, con su nombre, don José, que el mío no es conocido, que sé que no van a parar a faltriquera ruin y avara los derechos de autor; que imprima, digo, esa novela que ya tenemos casi escrita. Y que se llama Caverna, que no Cueva, adviértaselo a Pilar cuando traduzca, por favor, que cuevas, con sagrado respeto por la persona, me recuerda a CEOE, balances, beneficios, ajustes, flexibilidad laboral y moderación salarial.

»Dé pronto a la imprenta sus palabras y decires y me olvido de reclamaciones y demandas, que somos muchos Jesuses, Albertos y Luis-Gerardos quienes le esperamos.»

9 de agosto

Se titula «África» el artículo que he escrito hoy para *Visão:*

«Tengo delante dos instantáneas fotográficas de esas que la comunicación social clasifica de inmediato como "históricas", sin darse el trabajo de esperar a que la Historia dé su opinión. Una fue captada en mayo de 1995 y nos presenta el abrazo "fraternal" que fundió en Lusaka al presidente de la República de Angola, José Eduardo dos Santos, con Jonas Savimbi, presidente de la UNITA. La segunda instantánea, obtenida a bordo de una fragata portuguesa, tiene menos de tres semanas y no es tan excesiva en la demostración "afectiva": se contenta con inmortalizar el frío apretón de manos que selló la firma del acuerdo de tregua entre el Gobierno de Guinea-Bissau y la facción militar insurrecta. El tiempo no ha tardado mucho en mostrar que el abrazo de Lusaka, a fin de cuentas, no había abierto el camino hacia la paz. Será también el tiempo el que demuestre si el desconfiado apretón de manos en el camarote del comandante llegará a valer más que el abrazo...

»No hay que haber nacido con una vista especialmente aguda para distinguir lo que vemos allí, en ese reducido espacio que separa a los dos hombres que se abrazan y a los dos hombres que se dan la mano: muertos, muertos, montones de muertos, cientos en el caso de Guinea-Bissau, muchos, muchos miles en el caso de Angola. Siempre ha sido así. La paz necesita tanto a los muertos como la guerra que los ocasiona. Los abrazos de reconciliación se producen en lo alto de una pirámide de muertos, los apretones de mano, sobre un río de sangre. La guerra es el absurdo convertido en cotidiano, la paz no resucita a nadie. Supervivientes de las matanzas, de los saqueos y las humillaciones perpetradas por el viejo colonialismo, mozambiqueños, angoleños, guineanos, y como ellos toda África, han proseguido por sus propios medios, cada vez más eficaces, el trabajo de la muerte, preparando, muchos de ellos conscientemente, el campo donde se impondrán, con las manos libres y la impunidad garantizada por las múltiples complicidades del crimen, las nuevas formas de explotación que esperan la hora de avanzar. Mientras tanto, África —el África donde nació la humanidad— se deshace en sangre y vísceras pisoteadas, se consume de hambre y de miseria extrema, se pudre en el abandono ante la impaciencia mal disimulada del mundo que seguimos llamando "culto" y "civilizado". Todo pasa como si estuviésemos esperando que la guerra, el hambre y las epidemias acabasen de una vez por todas con los pueblos africanos; esperando que limpien el terreno de esos incómodos millones de niños famélicos cuya última agonía reparten a domicilio las televisiones, a la hora de cenar.

»Pero África ya no cabe en África, ya no se resigna a morir en África. Está en curso lo que será, probablemente, una de las mayores migraciones de la historia del hombre. Olas ininterrumpidas de africanos, sin trabajo y sin esperanza de conseguirlo en la tierra que es suya, se mueven en dirección al norte, en dirección a la Europa de las riquezas y el bienestar, atraviesan el Mediterráneo en frágiles embarcaciones dejando atrás un rastro de ahogados —más muertos, siempre más muertos—, y, si consiguen poner un pie en tierra y escapar de las diferentes policías que los cazan para devolverlos al otro lado del mar, van a someterse, en una aplastante mayoría de los casos, a condiciones de vida indignas, a la desprotección absoluta, insultados por todos, solo sobreviviendo, no preguntemos cómo. Cuando el centro (es decir, Europa) se desplazó a la periferia (es decir, África), lo que hizo fue explotar en exclusiva para su propio provecho las enormes riquezas materiales del continente, sin tener en consideración el futuro de los que allí vivían y de los que allí nacerían. Ahora, pasadas varias generaciones, después de largas y dolorosas luchas por la liberación y la independencia, en muchos aspectos malogradas, es la periferia la que avanza hacia el centro... Los vientos que los países colonialistas —en mayor o menor medida, toda Europa— fueron a sembrar inhumanamente a África se están transformando en huracanes devastadores. Son terribles las noticias que llegan de allí todos los días a la "fortaleza europea", pero nadie parece saber aquí qué respuesta darle a la pregunta: "¿Qué hacer?". Se dan respuestas, sí, pero no la *respuesta;* esa que, si no sufro de utopía incurable, solo podrá ser la de crear en África condiciones de vida que merezcan ser llamadas humanas. Europa va a tener que restituir a África lo que le ha robado en cuatrocientos años de explotación sin piedad. ¿Cómo? Que lo decida la sociedad europea, si todavía le queda algún sentido ético.»

10 de agosto

Carta de Vaikom Murali, del estado de Kerala, India.

14 de agosto

Rancho folclórico de la región de Coímbra en Castril. La sorpresa. Fotografías.

15 de agosto

Después de semanas de trabajo, he terminado la prosa que me pidió la escultora catalana Susana Solano para la exposición que va a hacer próximamente en Barcelona. Le he puesto el título de «El uso y el nombre»:

«Si nos atenemos a la definición corriente, un *ready-made* no es más que un objeto de uso cotidiano ascendido al plano de obra de arte por la firma que el artista escribió en él y por el título de fantasía que le atribuyó. El urinario al que Marcel Duchamp dio el nombre de *Fuente* (doble contradicción: siendo, como es, receptáculo, un urinario es precisamente lo contrario de una fuente...) y después expuso como si se tratase de una obra de arte, no habría sido visto como tal si su nueva designación, consecuencia de una intervención de orden metonímico, o sea, más "literaria" que "plástica", no lo hubiese desviado de un modo radical de su sentido y función originales. Con su iniciativa, Duchamp hizo posible lo que hasta ese momento no habría sido ni siquiera imaginable: que "cualquier cosa" pudiera ser ascendida a categoría artística. La inesperada inversión lógica y la profunda sacudida de las nociones estéticas corrientes, causadas por la osadía de una provocación que, en una primera consideración, se presentaba como francamente revolucionaria al conceder no solo al artista, sino también a las personas comunes, una capacidad de expresión aparentemente inagotable, dejarían pronto a la vista el lado frágil de la novedad: los *ready-mades* se multiplicaron por todas partes, pero, con el transcurso del tiempo y la repetición de las experiencias, cada vez parecieron más banales, más exhaustos, menos capaces de sorprender...

»No será exagerado decir que, durante muchos años (la *Fuente* es de 1917), el *ready-made* ejerció en los espacios culturales de Occidente una especie de "conminación intelectual", como si su más determinada y reivindicada característica, la de un arte-que-no-era-arte, solo pudiese justificarse y preservarse gracias a una presencia y a una ocupación tendencialmente exclusivas y en cierto modo "parasitarias" que, en ciertas áreas de la representación plástica, acabaron estableciendo a su alrededor algo como un "vacío" de perspectivas. Era evidente que, después de la *Fuente,* nada en la escultura volvería a ser como antes, pero no era menos manifiesto que, practicado y glosado literalmente hasta la náusea, aquel mismo *ready-made* que parecía haber venido al mundo del arte para abrir un camino nuevo y fecundo, había terminado, a fin de cuentas y paradójicamente, por cerrarlo. Traspasar esa barrera, sin embargo, solo sería posible en el mismo plano, pero no en la misma dirección, por una superación de la propuesta de Duchamp, nunca por intermedio de cualquier forma más o menos disimulada de retorno a un momento anterior a su adviento. Debe de haber sido ese movimiento, si no me equivoco demasiado, el que hizo surgir lo que hoy, universalmente, designamos *instalaciones.* No es ya la muestra de objetos aislados y de uso cotidiano alzados a la categoría artística por la circunstancia adicional y marginal de su exhibición pública, sino la elección y ordenación espacial de objetos materiales preparados de antemano (o tomados como estaban) con el objetivo de causar en el observador una impresión estética o emotiva de nivel superior a aquella que cada uno de sus componentes, uno por uno, vistos aisladamente, sería capaz de proporcionar.

»Alcanzado este punto de un análisis que, para mayor seguridad (siempre más que precaria, bien lo sabemos todos), progresa en pequeños avances, pasando de un escalón a otro, una pregunta, para mí esencial, empieza a dibujarse en el espíritu: ¿habrá sido siempre el *ready-made,* y siempre tendrá que serlo, solamente aquello a lo que pareció estar obligado, de una vez por todas, por la definición que comenzó atribuyéndosele, es decir, un objeto de uso cotidiano ascendido al plano de obra de arte, etcétera? En otras palabras: ¿será indispensable, será incluso obligatorio que se trate de un objeto de uso, en el sentido que damos habitualmente a esta expresión? O incluso: ¿no podrán los conceptos de "hecho" y "confeccionado", que básicamente han definido el *ready-made,* hacerse extensibles a todo y a cualquier objeto, aunque no "confeccionado", incluso no "hecho", o sea, *natural*? Yendo un poco más lejos: ¿no serán los múltiples procesos operativos de la naturaleza un *hacer* continuo? (Quizá venga a propósito, creo, observar que todo el debate sobre los méritos o deméritos relativos de lo *acabado* y de lo *inacabado* e *incompleto* parece resentirse de una cierta resistencia de la mente a aceptar lo que me parece una obviedad: sea artificial, sea natural, lo *acabado,* simplemente, no existe. El brillo o la aspereza final de la superficie de una escultura, por más depurada que hubiese sido la habilidad manual o la eficacia técnica puestas en su tratamiento, nunca conseguirían, por ejemplo, suponiendo que se tratase de un *retrato,* reproducir la apariencia de la piel representada. A su vez, tal como le sucederá al cuerpo de la persona retratada, el material en que ese cuerpo fue más o menos "reproducido" estará sujeto a la acción erosiva y corruptiva del tiempo: el *hacer* se prolongará en un *deshacer,* siendo este, a su vez, concomitante de un *rehacer* que, ante la extrema complejidad de sus relaciones y reacciones internas, nos aparecerá como un agente simultáneamente de conservación y transformación, o, con mayor rigor, de conservación en la transformación.)

»Una vez cerrado el paréntesis, regreso a las palabras que lo antecedían inmediatamente: "¿No serán los múltiples procesos operativos de la naturaleza un *hacer* continuo?", preguntaba. Una piedra *natural,* o sea, no modificada, no alterada (la etimología es elocuente: *alter,* otro) por el artificio del trabajo del escultor o del pedrero, sería, de acuerdo con este modo de ver, un *ready-made* producido por la naturaleza. Se objetará que, por sí solas, las proporciones o el tamaño de una piedra como esa, *natural,* no serían suficientes para sugerir al observador la virtualidad de un determinado uso, excepto, como ya se ha adelantado, el que resultase de una intervención exterior de carácter "agresivo" (ruptura o simple desplazamiento) que modificase la integridad del objeto o su relación espacial con lo que lo rodeaba. El reparo es pertinente. Creo, sin embargo, que la llave para la respuesta se encuentra en la propia objeción, precisamente en las palabras *intervención exterior.* Sin la mirada que interviene desde fuera observando, ponderando, evaluando, sin la mano que interviene desde fuera moviendo, fracturando o acariciando, el objeto permanecerá encerrado en sí mismo, *sin uso.* La equivocación de Marcel Duchamp (que los dioses del Olimpo no me condenen a los infiernos por esta falta de respeto...) habrá sido pensar que el *uso* consiste solo en una utilidad social y consensual del objeto y en la frecuencia de su utilización. Las tres piedras que Susana Solano ha suspendido de un muro, atadas por cuerdas (o no las habrá suspendido y atado ella, las encontró así en una aldea africana, pero, al fotografiarlas, *las ha utilizado* para una función diferente de la que tenían, como si el acto interventor de fotografiar significase dar *otro nombre...*), son una entre otras señales que, según el modo de observar y entender que he desarrollado aquí, ponen en tela de juicio, por demasiado reductora, la visión "subversiva" de Marcel Duchamp.

»Explícitamente citada, Susana Solano aparece ahora por primera vez en este análisis, pero, aunque pueda no habérselo parecido al lector, es de su obra, desde la primera línea, desde el mismo título, de lo que vengo hablando. Es verdad que, hasta donde alcanzo a saber, Susana Solano nunca ha manifestado ningún interés efectivo por los *ready-mades* ni por sus avatares más inmediatos, al menos hasta el punto de haber sido alguna vez su "practicante", pero, incluso así, me aventuraría a proponer aquí la idea (temeraria, sin duda, polémica, ciertamente) de que, a través de un proceso mental y sensorial altamente complejo, cuyo análisis no podría caber en un discurso tan breve como este (para mí son testimonio de ese proceso la mayor parte de las reflexiones provenientes de la "memoria personal" de la artista), su trabajo como escultora se ha ido orientando de modo predominante hacia la "fabricación" de un extenso conjunto de objetos singulares de *uso desconocido,* es decir, de una *utilidad futura* aún por definir. (Cuando los seres humanos aparecieron en el planeta, tampoco sabían a qué *usos* servirían...) No se trata de un mero juego de palabras. Tal como la veo, Susana Solano pertenece, cultural y "antropológicamente", a la especie *homo faber:* los aceros, los hierros, los plomos, las redes metálicas, los cristales, algunas veces los bronces, los mármoles, las maderas o, para perplejidad y desconcierto míos, los plásticos, son las materias de las que se ha servido una voluntad objetivamente "constructivista" (como creo que es la suya, aunque nunca en sentido "escolar") para crear estructuras "expectantes" (atención a esta palabra) que, en sus formas más ambiciosas, ya sea en lo que ponen en evidencia, ya sea en lo que sugieren, no se contentan ya con ser objetos propuestos para un *uso* futuro, porque buscan y consiguen suscitar en el espíritu del observador no solo la impresión instantánea de una exterioridad de expresión directa o indirectamente arquitectónica, sino también, más lenta, más interior, más compacta, la impresión de su "densidad". Creo que este sería otro interesante camino que recorrer en el estudio de la obra de Susana Solano.

»Cuando antes he mencionado las esculturas realizadas (quiero decir, hechas reales) por la artista, las he llamado

162

"expectantes" y he pedido una atención especial a este adjetivo. Debo ahora explicar por qué. Que el efecto de cualquier tipo de "expectación" dependa de la sensibilidad y la subjetividad personal del observador es una evidencia que no admite negación, ni siquiera que se ponga en duda. En todo caso, creo que se comprenderá mejor lo que he pretendido expresar si añado que, tal como las veo y creo entenderlas, las esculturas de Susana Solano, en su mayoría, no *están*, *son*. Mejor dicho: *están* como objetos que *son*, pero *son* como presencias que *están*. Solo aquello que, *estando, es*, tiene poder para subir al nivel de la "expectación". Ahora, siguiendo la "heterodoxa" línea de análisis que me ha traído hasta aquí, me atrevo a decir que los objetos creados por Susana Solano (las esculturas son objetos) aguardan (esperan) la llegada del tiempo en el que su *utilidad* será por fin definida y, por lo tanto, descubierto su *uso*. De ahí que, en mi opinión, deberíamos aceptar como simplemente provisionales y circunstanciales los nombres que, fruto de viajes mentales que siempre ignoraremos, les fueron atribuidos por la artista (son ejemplos *Muerte de Isolda, Arcángel Gabriel, Con luz propia, Colinas huecas, Mar de Galilea, Senza ucelli, Aquí yace la paradoja, Sendero, Mozart, Puerta del olvido, Aristóteles, En busca de un paisaje...*) y esperar que el efecto de "expectación" causado en nuestro espíritu por la contemplación de los objetos creados por Susana Solano haga nacer *otros nombres* igualmente provisionales, igualmente circunstanciales, igualmente precarios, que expresen (que intenten expresar) el *uso* que, en ese momento, nos fue necesario. Sin olvidar, claro, que las cosas, siendo también aquello que nos parecen, nunca dejan de ser lo que son...»

16 de agosto

Hace casi dos meses, el periodista brasileño José Augusto Ribeiro me mandó un cuestionario para una entrevista destinada a la revista bimestral *Cenário*. Terminados los trabajos más urgentes (el prefacio para los *Sonetos* de Aretino y el ensayo sobre la escultura de Susana Solano), hoy he hecho una breve incursión en ese mundo del teatro que sigo sintiendo como algo propio pero, al mismo tiempo, ajeno. Dejo aquí las preguntas de José Augusto Ribeiro y mis respuestas:

«*La edición brasileña de* ¿Qué haré con este libro? *reúne las tres primeras piezas de su producción dramatúrgica. ¿Los textos componen una trilogía? Un análisis básico podría suponer que los enredos están unidos por el tema de la "castración": del escritor que ve su obra vetada por la Inquisición y por la corte de Lisboa; del periodista presionado por los dogmas fascistas del periódico en que trabaja; y del "santo amigo de los pobres", cuyo ideario de pobreza se corrompe por la reverencia fervorosa al lucro. ¿Estos enredos pueden estar vinculados entre sí por otros parecidos temáticos?*

»Obviamente, teniendo en cuenta la diversidad de los temas tratados, esas piezas no fueron pensadas para constituir una trilogía. Lo que puedan tener en común (no estoy de acuerdo con la idea de "castración": hay que tener cuidado con la vulgata del psicoanálisis, que se mete por todas partes...) es el resultado de las preocupaciones de un autor que sigue el principio de no escribir si no tiene algo que considere importante decir. Lo que, claro está, no significa que, de hecho, sea importante todo lo que escribe.

»*La pieza* ¿Qué haré con este libro? *se sitúa en un momento crucial de la historia de Portugal, cuando su territorio fue anexionado al reino de Castilla. Para conseguir una puesta en escena fiel al texto original, un posible montaje podría caer en las exigencias del "teatro de época", producción preparada para reproducir fidedignamente las características (escenario y figuración) del periodo y el vocabulario erudito del siglo XVI. Al menos en Brasil, estas son implicaciones que solo el llamado* teatrón *consigue superar, aunque con mucho dine-*

ro. *Sabiendo que usted es un férreo defensor de los principios marxistas, no soy capaz de imaginar la intención de hacer una puesta en escena elitista. Me gustaría saber su opinión sobre la mejor manera de salvar o atravesar esas barreras.*

»¿A qué llama una "puesta en escena elitista"? Es verdad que no será deseable representar *¿Qué haré con este libro?* sin tener en cuenta, tan ampliamente como sea posible, los diferentes aspectos identificadores tanto de la época como de la situación, pero la fantasía del escenógrafo siempre puede encontrar soluciones que acerquen el tiempo de entonces y el tiempo de ahora. Camões, en la pieza de la que hablamos, se vestía como cualquiera de nosotros, mientras que los demás personajes se vestían a la moda de la época. La intención fue comprendida de inmediato por el público: la lucha del creador contra el poder es algo de siempre.

»*La transición de Portugal a los dominios del reino de Castilla parece ser el telón de fondo de ¿Qué haré con este libro?, ya que los focos iluminan la figura de Camões, que vuelve de la India con un clásico de la lengua portuguesa en sus manos. ¿La pieza es un tributo al autor de* Los Lusiadas?

»Camões es Camões, no necesita tributos. Lo que se denuncia en la obra es la "apagada y vil tristeza" de la que habla el poeta en las últimas estancias de *Los Lusiadas*.

»*Su primer texto teatral,* La noche, *está ambientado también en un episodio histórico emblemático de Portugal, la Revolución de los Claveles. La presencia de momentos conturbados en sus piezas ¿no lo acerca al teatro dialéctico idealizado por Bertolt Brecht? ¿Cuál es su motivación al tratar estos temas? La crítica corrosiva al régimen capitalista que atraviesa* La segunda vida de Francisco de Asís *también me hace pensar en un teatro dialéctico, casi militante.*

»Lo que pienso del sistema de capitalismo autoritario que nos gobierna es bien conocido, así que es natural que sea una de las ideas conductoras de mis textos, teatrales o no. Pero estoy muy lejos (lejísimos, realmente) de un proyecto de teatro militante, para el cual la primera condición sería que yo fuese dramaturgo, cuando la verdad es que no soy más que un novelista que ha escrito algunas veces teatro.

»*¿Retratar episodios históricos no puede delimitar la longevidad y actualidad de los textos? ¿Cómo evitar el tono anacrónico de estas piezas sujetas a acontecimientos "enciclopédicos"?*

»No confundamos las cosas. El buen teatro puede sobrevivir a los cambios de gusto. Probablemente mis piezas no sobrevivirán, pero, si llegara a suceder, no será por haber abordado episodios históricos, sino por ser lo suficientemente buenas.

»*José Saramago es un nombre bien conocido en Brasil gracias a las (brillantes) novelas* Ensayo sobre la ceguera *y* Memorial del convento, *entre otras. Sin embargo, su obra dramática es ahora cuando llega al lector, con la presentación de* ¿Qué haré con este libro? *¿Hay diferencias significativas entre la escritura (estilo y contenido) del novelista, el dramaturgo y el cuentista? En mi opinión, el existencialismo está latente en los tres géneros, pero el tenor político aparece de forma más contundente en las piezas teatrales y en los cuentos, especialmente en los de* Casi un objeto.

»Antes de la aparición de las tres piezas ahora publicadas bajo el título de una de ellas —*¿Qué haré con este libro?*—, Companhia das Letras había editado *In Nomine Dei,* que es el último texto teatral que he escrito. Hay diferencias evidentes de estilo entre el teatro y la novela. Digamos que la novela es más "coloquial", como si fuese escrita para ser pensada en voz alta. El teatro adopta una construcción frásica más "convencional", que se explica por el hecho de tratarse de un texto que solo pasará a tener "sustancia" real con la intervención del actor: será él quien ponga en las palabras que tenga que decir el "coloquialismo" que está deliberadamente ausente del texto. En cuanto a las "lecturas políticas", pueden hacerse de cualquiera de mis libros. Si se notan más fácilmente en el teatro es porque el teatro ha sido siempre más "didáctico" que la novela.

»*¿Cuál es la trama de su cuarta obra,* In Nomine Dei? *¿Es este su texto teatral más reciente? ¿Cómo anda su producción en el terreno dramatúrgico?*

»Soy, como ya he dicho con otras palabras, un dramaturgo ocasional. Ahora mismo no tengo ningún proyecto de escritura teatral.

»*¿Su dramaturgia es muy representada por las compañías teatrales portuguesas? ¿Podría indicarnos algunas puestas en escena destacadas? ¿Alguno de esos trabajos ha contado con su colaboración?*

»Exceptuando *In Nomine Dei,* todas mis obras han sido representadas en Portugal (*La noche* también en España), pero tras su presentación al público no han vuelto a llevarse a escena. No me sorprende. En Portugal no hay compañías de repertorio.

»*En Brasil, algunas veces se han organizado lecturas de fragmentos de algunas de sus novelas. Es el caso de* El Evangelio según Jesucristo *y* Ensayo sobre la ceguera. *¿Identifica el potencial dramático de estos títulos?*

»Al menos tras haberlos oído en boca de algunas de las más importantes actrices brasileñas, con Fernanda Montenegro a la cabeza...

»*A muchos críticos les parece paradójico que un autor declarado ateo se interese con tanta frecuencia por los problemas de la religión. ¿Su escepticismo no le hace permanecer ajeno a ello? ¿Qué tipo de inquietud hace que el Evangelio sea tan recurrente en su obra?*

»Esos críticos están distraídos. Las religiones no existen solo para los creyentes, existen también para aquellos que, sin serlo, como es mi caso, viven en un mundo "hecho" (también) por esas religiones. Lo quiera o no, soy un producto del cristianismo, por lo que tengo derecho a escribir sobre aquello que ha hecho de mí lo que soy. También soy otras cosas, claro está, pero la base formativa (aunque yo no hubiese recibido educación religiosa) es esa.

»*Cuando publicó* El Evangelio según Jesucristo, *usted fue "satanizado" por la Iglesia católica. ¿La reacción ante* La segunda vida de Francisco de Asís *tuvo una repercusión parecida?*

»Para nada. *La segunda vida de Francisco de Asís* pasó sin que los poderes eclesiales se fijaran en ella. O, si lo hicieron, no les importó.»

17 de agosto

Carta de un lector, Michel Bouque, residente en la Guayana Francesa, que quiere saber cuál fue mi objetivo al escribir *El Evangelio según Jesucristo*...

18 de agosto

Por fin he respondido a la carta de Miguel Real, así:

«Su carta del 26 de mayo y lo que la acompañaba (hablaré de eso más adelante) me cogieron en una curva del camino y en riesgo de derrapar. Por motivos de trabajo, nada más. O nada menos. Las mil andanzas que devoraron mi tiempo el año pasado, sin olvidar el laberinto de *Todos los nombres* en el que casi me perdí, tuvieron como efecto un retraso del diario a tal punto que hasta este mes de julio no he hecho otra cosa que empujarlo, salvo consentir (era inevitable) que me metiesen en nuevas andanzas. El despacho se me convirtió en otra Conservaduría, con montones de papeles esperando (im)pacientemente que el señor José diese por resuelto el quebradero de cabeza que le había caído encima. En cuanto a su carta, decirle que no valía la pena responderle si hubiera recibido la última versión del *Memorial,* solo habría servido para complicar la situación.

Por eso este silencio de tres meses, del que salgo, por fin, para disculparme, confirmar que la versión llegada es mucho mejor e informarle de que tampoco he recibido señales de vida de la Compañía de Teatro de Sintra. Y hablemos un poco de lo que antes le dije que diría después.

»No he vuelto a leer *Tierra de pecado,* ni siquiera para la reedición de ahora. La lectura del análisis me ha causado una impresión mixta de extrañeza y de reconocimiento que aún no he conseguido asimilar por completo. No he pensado que no parecía *mío,* lo que he pensado es que la novela era ahora más mía de lo que lo había sido cuando la escribí. Y he pensado otra cosa: "Yo *no podía* haber escrito este libro y, sin embargo, existe". Lo que enseguida me ha llevado al paso siguiente: "Yo *no podía* haber escrito todo cuanto escribí después y, sin embargo, esos libros existen". No se imagine que estoy ejercitando una modestia sobre la que tantas veces se ha dudado; solo estoy expresando el asombro de quien tiene la clara conciencia de que no nació *para esto...*

»Meandros psicológicos aparte, si es que estos lo son, lo que tengo que decir de su estudio es que es el primer acercamiento serio hecho hasta ahora sobre una novela que no merecería tantas atenciones, si no fuera, quizá, para demostrar que existe un *fil rouge* que une al anciano que soy hoy con el mozo mal salido de la adolescencia que era entonces. Llamarlo coherencia significaría poco o significaría demasiado: será mejor usar palabras comunes y decir que se trata simplemente de un *modo de ser,* de un *carácter,* modo de ser y carácter que, a lo mejor, o seguramente, ya se podrían identificar en el niño y en el preadolescente que fui. No soy lo que se llama un *caso interesante,* soy un *caso vulgar* que las circunstancias, con algún interés, se han dedicado a adornar...

»Casi no me acuerdo de *Heroísmo cotidiano,* ni sé si todavía tengo por ahí el número de *Vértice* en que se publicó, o si se habrá perdido en las mudanzas de la vida. Así que tendré que apreciarlo a través de sus ojos, y con eso me llevo otra sorpresa: no sabía yo que cuatro años después de una novela narrada linealmente ya se me había vuelto tan problemático el narrador, pero usted lo explica todo de cabo a rabo, y yo tengo que aceptar la evidencia de que pertenezco a la familia de aquel Jourdain que estaba escribiendo desde hacía cuarenta años sin darse cuenta. Es motivo suficiente para decir que el caso se estaba volviendo más interesante...

»¿Qué puedo decir de *Los poemas posibles*? No del libro, sino del análisis que hace de ellos. Que realmente he aprendido mil cosas que no sabía y que, al contrario de lo que creía, por pudor de quien no tiene dudas sobre su pequeñez como poeta, el libro vale la pena, un poco por sí mismo, pero sobre todo porque, mostrando la continuidad del tal *fil rouge,* procede, sin ser consciente de ello, a la exposición formal y conceptual (valga la expresión) de las cuestiones con las que empezará a enfrentarse el autor diez años después, a partir del *Manual de pintura y caligrafía.* He dicho algunas veces que no soy novelista, que soy un ensayista fallido que escribe novelas porque no sabe escribir ensayos. Ahora, al leerlo, me he sorprendido en más de una ocasión pensando de mí mismo: "Lo que deberías haber sido es filósofo". La culpa de atreverme a imaginar un disparate semejante es toda suya...

»Finalizando. La literatura portuguesa necesitaba una novela "cruel". Podría haberla escrito Vergílio Ferreira, pero siempre estuvo demasiado preocupado consigo mismo. Tuve que ser yo con el *Ensayo sobre la ceguera.* En cuanto a *Todos los nombres,* no comparto su opinión. No es un libro triste; es un libro que mira de frente al absurdo de la existencia (es cierto que no es Kafka quien quiere...) y a la soledad del ser humano que busca en el amor (en la soledad del otro) el remedio para ella. Blimunda y Baltasar no necesitaron buscar, fue el amor quien los encontró, pero la vida está llena de personas que lo buscan desesperadamente (o, peor aún, sin saber que están desesperadas) y no lo encuentran. Para decir estas cosas elementales se necesitaba a alguien como yo, que precisamente había estado buscando el amor y a quien el amor acabó encontrando cuando ya había perdido la esperanza.»

20 de agosto

Pruebas de *Les poèmes possibles*...
Embajada en Lima. Viaje a Colombia.
Programas de auxilio.
Muerte de António Assunção. Diogo do Couto, Valadares...

23 de agosto

Exactamente dentro de una semana partiré hacia Buenos Aires y Montevideo, donde, además de las entrevistas de costumbre, presentaré *Todos los nombres*. Mientras tanto, llegan de la capital argentina noticias completamente inesperadas: las Madres de Plaza de Mayo me piden que grabe un poema para un vídeo de homenaje a los veinte años de su lucha; me invitan a dar en el Museo Fernández Blanco lo que llaman una «clase pública» sobre Derechos Humanos, con motivo del cincuentenario de la respectiva Declaración; y, más sorprendente aún, la intención que tienen de nombrarme Visitante Ilustre de la ciudad de Buenos Aires... Voy de asombro en asombro, de sorpresa en sorpresa: mientras Mafra me niega un simple gracias de gente bien nacida, Lanzarote me declara hijo adoptivo y Buenos Aires me llama ilustre... El mundo está boca abajo: lo que debería ser no es, y lo que es no pregunto si debería serlo.

29 de agosto

Muerte de Wanda Ramos.

30 de agosto

He respondido como sigue a un cuestionario del periódico italiano *Liberazione*. Las preguntas eran buenas, las respuestas se han esforzado por estar a la altura:

«Con excepción del protagonista, ninguno de los personajes de su novela Todos los nombres *tiene nombre. ¿Por qué? ¿Hay alguna intención autobiográfica en el hecho de que ese personaje tenga el nombre del autor del libro?*

»La vida del señor José, funcionario de una Conservaduría del Registro Civil, no tiene nada que ver con la mía. No he vivido nunca solo, estoy casado por tercera vez, tengo una hija y dos nietos. Tampoco he asaltado escuelas ni he falsificado documentos. El hecho de que don José tenga ese nombre es el resultado de haber querido ponerle un nombre banal que estuviese de acuerdo con la insignificancia del personaje, y no haber encontrado otro nombre más banal que el mío... Esta no es la primera novela en la que los personajes no tienen nombre. Ya pasaba en *Ensayo sobre la ceguera*. En ese caso fue la excepcionalidad de la situación creada —una ciudad de ciegos, un mundo de ciegos— lo que me hizo comprender lo frágiles que son los nombres que tenemos, cómo dejan fácilmente de tener significado cuando el individuo se disuelve en el grupo, en la bandada, en la multitud. En los campos de concentración no se tatuaban nombres, sino números, y las sociedades en que vivimos hoy parecen más interesadas en conocer el número de nuestra tarjeta de crédito que en saber cómo nos llamamos. El caso de *Todos los nombres* es otro. Personas diferentes tienen el mismo nombre, decir el nombre no es suficiente para "decir" la persona. Don José sabe

172

cómo se llama la mujer desconocida, pero eso es lo mismo que no saber nada.

»*La manera indirecta que tiene don José de buscar informaciones ¿quiere decir que el único significado de las cosas está en buscarlas?*

»No afirmo que buscar algo sea el "único" significado que ese algo tiene, sino que, tratándose del "otro", el camino que nos debería conducir a él no tiene punto de llegada. Nos iremos acercando cada vez más, pero nunca podremos decir: "Te conozco". Don José tiene conciencia de esa imposibilidad (una conciencia difusa, pero que está presente en todos sus actos), por eso siembra de obstáculos su propio camino. Vencer esos obstáculos es más importante para él que encontrar el objeto de su búsqueda.

»*¿Se trata de la única posibilidad de "salida" de una existencia sin meta, sin objetivos?*

»Pongámonos en el lugar de don José, o tal vez ni siquiera sea necesario. En la vida de cada uno de nosotros ha habido al menos un momento en el que hemos tenido que "inventarnos" una razón para cambiar de vida; una razón más grande que nosotros mismos, una razón capaz de llevarnos a donde no lo haría la rutina cotidiana. Lo que hace don José es "inventar" una isla desconocida y lanzarse al mar para buscarse a sí mismo, que es lo que hacemos realmente cuando buscamos al "otro"...

»*¿Qué geometría esconde el orden jerárquico de la Conservaduría del Registro Civil?*

»El orden jerárquico de los funcionarios de la Conservaduría puede ser entendido como el orden de una historia en la que todos los hechos, fechas y nombres tuviesen sus sitios marcados y fijados de una vez para siempre. Don José alterará esa rigidez, primero buscando a alguien a quien no debería buscar y sin estar autorizado a ello; después, poco a poco, haciendo desaparecer la línea que separa la muerte de la vida o la vida de la muerte, como se prefiera. Don José, si se me permite el atrevimiento, es una especie de Orfeo...

»*Hay algo que acerca al jefe de la Conservaduría y a don José. ¿Qué es?*

»De la colección de noticias del jefe de la Conservaduría no llegamos a saber nada. Solo que él tiene conocimiento de todo lo que va pasando. Lo acerca a don José precisamente el carácter "subversivo" de las acciones de este, y ese acercamiento se transforma en complicidad cuando el jefe entiende que la auténtica humanidad es el conjunto de los muertos y los vivos, confundidos los unos con los otros en el ayer y en el hoy, inseparables ahora y siempre.

»*La Conservaduría y el Cementerio son muy parecidos, tienen muchas cosas en común. ¿Qué ha pretendido expresar con esa afinidad?*

»En la Conservaduría se guardan los papeles de la vida y de la muerte de todos los seres humanos nacidos; en el Cementerio se encuentran los restos de aquellos que, sin pertenecer ya a la vida, pertenecen invisiblemente a la Historia. Así, Cementerio y Conservaduría son complementarios, ninguno de ellos podría existir sin el otro. En el fondo, son una sola cosa.

»*En su libro hay una presencia constante de la relación entre vida y muerte, presencia y olvido, acción y nada. ¿Quiere comentarlo?*

»Mucho de lo que acabo de decir responde ya a esa cuestión. Me parece que cometemos un error grave cuando olvidamos a nuestros muertos, creyendo que es una manera de negar la muerte. También intentamos negar la vejez cuando apartamos a los viejos de la vida afectiva y social. En ese momento empezamos a olvidarlos. Como está escrito en *Todos los nombres,* solo el olvido es la muerte definitiva. Lo que no ha sido olvidado continúa vivo y presente.

»*Dice que la metáfora es la mejor forma de explicar las cosas. ¿Cree que ese es el deber y el fin de la literatura?*

»Esa afirmación la hace uno de los personajes de la novela, no yo... Pero es verdad que la metáfora surge como una iluminación diferente de las cosas, como una luz rasante que iluminase el relieve de una pintura. La metáfora es un presentimiento del saber total. En cuanto al deber y al fin de la literatura, recordemos que sus fines y sus deberes han sido diferentes y no siempre concordantes a lo largo del tiempo. Como no lo fueron y muchas veces han sido opuestos los deberes y los fines de las sociedades humanas, de las que la literatura es, al mismo tiempo, reflector y reflejo.

»*Sus libros ofrecen una visión del desasosiego contemporáneo. ¿Qué es lo que más teme en este fin de milenio?*

»El fin del milenio es un mero accidente del calendario. Lo que está acabando, realmente, es una civilización. Paul Valéry no se imaginaba hasta qué punto tenía razón cuando escribió: "Nosotros, civilizaciones, sabemos ahora que somos mortales". Lo deberíamos haber sabido antes si pudiésemos aprender del pasado. El tipo humano que empezó a definirse en la época del Iluminismo se está extinguiendo. No sé qué vendrá después. Creo, no obstante, que no habría lugar para mí en los tiempos venideros.

»*Crisis de las ideologías, neoliberalismo, nuevas pobrezas. ¿Qué queda aún de la "izquierda"? ¿Cuál puede ser el "hilo de Ariadna"?*

»La pregunta no debería ser "¿qué queda aún de la izquierda?", sino "¿qué hemos abandonado de la izquierda?". En ese caso, diré que muchos (muchísimos) han abandonado lo que llamo un "estado de espíritu de izquierdas" para pasarse, por ambición, oportunismo o cobardía moral, al otro lado, incluso cuando fingen no estar de acuerdo. Contra todas las apariencias, la cuestión esencial de nuestro tiempo no es tanto la globalización de la economía, sino la pérdida de un sentido ético de la existencia. Espero que la izquierda (la que todavía queda) lo entienda a tiempo...

»*¿Cuál es su visión sobre la Europa post-Maastricht?*

»A la misma Europa que necesitó siglos y siglos para conseguir formar ciudadanos le han bastado veinte años para transformarlos en clientes. Sócrates volvería a pedir el vaso de cicuta...

»*¿Qué queda hoy de la cultura europea?*

»La cultura "europea" no existe como tal. Y si alguna vez llega a existir, me temo que no será "europea" en el sentido de una síntesis más o menos conseguida de sus diferentes culturas nacionales, sino el resultado del predominio de una de esas culturas sobre las demás. La globalización, sea mundial o solo europea, es un totalitarismo.»

31 de agosto

Respuesta a una lectora, Cristina Peres:

«Gracias por su carta, por los comentarios que hace sobre el *Ensayo,* por la sencillez con que habla de los sentimientos que le ha provocado el libro. Una profesora de Filosofía como parece ser (me refiero a la persona) es una suerte para los alumnos. Imagino que en sus clases la filosofía sale de los libros para transformarse en sustancia de vida y sangre del pensar. Aún hay gente así, por lo que no todo está perdido.

»Algunos lectores me han dicho que han sentido la presencia del Mal durante la lectura de ese libro. No creo que una simple novela pueda llegar a tanto. Y es peligroso hablar del Mal como algo externo puesto en el mundo con la única misión de atormentarnos para ver lo que valemos, si resistimos o si nos dejamos llevar por él. En mi opinión, Mal, Bien, Dios, Diablo, todas esas supuestas potencias benignas y malignas que han poblado la imaginación de los pueblos como presencias efectivas, solo viven en nuestra cabeza, no son reales fuera de ella, o solo lo son como consecuencia de nuestros actos; es decir, son nuestros actos los que ponen la maldad en el mundo, y a veces (menos mal) la bondad.

»Si la mujer del médico no se queda ciega es porque es capaz de sentir compasión, es porque sus ojos son necesarios para que el horror sea *visto*. Ella misma lo dice: "Soy simplemente la que ha nacido para ver el horror". Es una Antígona que, igual que la otra, no había nacido para la lucha, sino que va a tener que luchar porque no hay otra persona para hacerlo...

»La muerte, permítame que la contradiga, no es ni ilógica, ni absurda, ni incomprensible. Lo que es realmente incomprensible, ilógico y absurdo es la vida. Morimos porque existimos, pero no sabemos para qué existimos. Y no creo que debamos pensar en la muerte para *valorar* la vida, como una especie de negocio. Debemos pensar en la muerte *porque sí,* sencillamente porque está ahí, porque no podemos mirar a otro lado.»

Del 1 al 9 de septiembre

En Buenos Aires y Montevideo. Ver noticias de periódicos y entrevistas.

12 de septiembre

Mantua. Festivaletteratura. Encuentro con Elicantropo.

13 de septiembre

Mantua. Coloquio.

15 de septiembre

Santander. Universidad Internacional Menéndez Pelayo. Ver periódicos.

17 de septiembre

Carta de Pablo Luis Ávila del día 2 de este mes.

«Quiero nuevamente decirte, esta vez por escrito, que me gustó muchísimo tu "premisa" a mi edición española de los *Sonetos* de Aretino; que el amigo Tony Bernat, neo-director de la colección donde saldrá el libro, con el número 1 (la colección se llama Medio Maravedí), se siente feliz y sumamente honrado por la valiosa colaboración y que el libro parece ser que saldrá entre finales de septiembre y primeros de octubre.

»Muy bella y sugestiva tu idea de partir de una lectura antropológica del retrato de Pietro Aretino pintado por Tiziano, para después entrar —con la cautela que requiere el tema y, a la vez, con la clara determinación que te contradistingue— en la distinción sobre lo que es —o lo que se considera— erótico y lo que es —o lo que se considera— pornográfico.

»Estoy de acuerdo contigo en que los textos aretinianos (los sonetos) son, al contrario de las ilustraciones eróticas de Marcantonio Raimondi, pornográficos, desde cualquier punto de vista o desde cualquier momento de la historia de la literatura que se los lea o se los considere. Esto no resta, según mi opinión, el interés del poemario en el campo literario y, hasta me atrevería a decir, sociológico; tan peculiar es el lenguaje carnavalesco, metafórico y burlesco que lo caracteriza, y que se puede rastrear en muchas obras de ilustres poetas, personajes de corte y príncipes italianos que vivieron entre los siglos XV-XVII. Algo parecido a lo que ocurre con algunas obras españolas medievales, por ejemplo, las incluidas en el *Cancionero general,* a menudo anónimas, donde la voz popular se manifiesta a través de la sátira y de la protesta poniendo al descubierto los vicios y las prepotencias de una nobleza dueña de sus cuerpos y de sus almas. A veces el carácter lúdico se sobrepone a la crítica social, como en el caso de la *Carajicomedia, Coplas del Provincial, Coplas de Mingo Revulgo,* etcétera.

»Como ya te conté a su debido tiempo, mi encuentro con Aretino, y en modo particular con sus sonetos desacralizadores, fue del todo casual. Hace unos años —1993 o 1994—, de paso por Madrid, vi en un quiosco del aeropuerto una edición de los *Sonetos* traducidos por Luis Antonio de Villena y publicados por Visor. Durante el vuelo Madrid-Torino hojeé el librito. Desde los primeros versos me di cuenta de que la traducción dejaba mucho que desear. De los sonetos no quedaba sino lo peor del lenguaje aretiniano: lo estrictamente pornográfico agravado por la caprichosa elección de eufemismos picantes; por si fuera poco, el traductor no creyó necesario esforzarse en respetar los endecasílabos, y en fin, una falta total de atención al lenguaje metafórico, por lo que la sátira y el libelo dirigidos a los nuevos poetas de la corte se quedan, como solemos decir los andaluces, en los cerros de Úbeda.

»Así es que, para mi castigo, más tarde para mi satisfacción (si quitamos las desventuras que me deparó el dichoso Mario Muchnik), me propuse hacer una edición seria de los sonetos. Al principio fue un desastre: la idea de que tenía que sacarles jugo a unas poesías de tan escaso tono poético y de que tenía que cumplir mi viaje de traductor remando con un tono y con un lenguaje tan (pensé) gratuitamente pornográficos cercenó el poco entusiasmo inicial. Con el tiempo (hablo de un año y de nueve redacciones de traducción) y con gran fatiga, buscando en mi desánimo el mínimo de entusiasmo necesario para concluir el trabajo, tropecé con un interesante estudio de Jean Toscan sobre el lenguaje carnavalesco de los poetas italianos de los siglos XV-XVII: se me abrió un nuevo mundo de Aretino poeta, así que pude tejer mi hilo de Ariadna para que me guiara hacia una correcta lectura y traducción de los sonetos: mi segunda aventura de italianista improvisado (la primera fue con las poesías de Sandro Penna publicadas por Visor) podía ahora concluirse decentemente.

»Leí con sumo interés tus *Cuadernos de Lanzarote,* saboreándolos día por día, renglón tras renglón. Son, como los anteriores diarios, pero esta vez si cabe aún más densos y más ponderados, una utilísima fuente de información para cualquier lector y estudioso de la literatura europea de nuestros días y, en muchos pasajes, lección de vida y punto de referencia para los que, desorientados y desilusionados, intentamos comprender algo de este mundo destinado a una ruinosa globalización que regala las riquezas del mundo a un número reducidísimo y privilegiado de hombres, deja a la inmensa mayoría en la más completa indigencia, azuza y nutre las guerras y la muerte y, por si fuera poco, nos quita los alimentos del alma y la esperanza de un mundo un poco mejor.»

18 de septiembre

Noticia de *El País* sobre el reparto de la riqueza en el mundo. Periódico del día 10.

22 de septiembre (y 23)

Cáceres. I Congreso Iberoamericano de Filosofía. Mi intervención...

23 de septiembre

Veinticinco años después de la muerte de Pablo Neruda. *El País. El Mundo.*

24 de septiembre

Ámsterdam. Entrevistas. Presentación del *Ensayo.*

25 de septiembre

Coloquio. Harrie Lemmens.

26 de septiembre

Amberes. Coloquio. Harrie Lemmens. El chico a quien se le ha explotado un globo. Recuerdo... Mi globo vacío arrastrándose detrás de mí. La risa de la gente. Tenía seis años.

27 de septiembre

Salman Rushdie. *El Mundo.*

28 de septiembre

Los problemas del ordenador.

29 de septiembre

Artículo de Helmut Schmidt citado en *Avante!*

30 de septiembre

Carta de Carmen Mascaró Andrade-Neves:
«Soy "nieta materna" de Adelaide Xavier Pinheiro d'Andrade Neves, hermana de Magdalena Xavier Pinhei-

ro, abuela de Fernando. En la página 106 del libro de Maria José de Lancastre *Fernando Pessoa, uma fotobiografía* hay una fotografía en la que aparece mi abuela Adelaide y dice que es madre del doctor Jayme Neves. Esta señora tenía también una hija, mi madre: Laurinda das Mercês Xavier Pinheiro d'Andrade Neves de Mascaró, por haberse casado con Aniceto Mascaró y Domenech, hijo del doctor Aniceto Mascaró y Cos, fundador de la clínica de la Rua do Alecrim. Mi padre tenía nacionalidad española, aunque nació en Lisboa, por haber sido inscrito al nacer en el consulado de España en esa ciudad. A su vez, mi padre hizo lo mismo conmigo, mis hermanos y mi hermana. Esta es la razón por la que tenemos el apellido de nuestro padre antes del de nuestra madre y nacionalidad de este país. Ese puede haber sido el motivo de la confusión y de su duda. Le aseguro que Fernando, igual que mi madre, era de pura raza lusa. De mí no puedo decir lo mismo; soy de raza "cruzada", y muy orgullosa de serlo. Mi padre tenía una hermana, Vera Mascaró y Domenech, casada con el pintor portugués David de Mello.»

1 de octubre

Revista *La Lista de Schindler*. ¿Cómo se comportan hoy los judíos con los palestinos? Casi como nazis...

2 de octubre

Cartas de Antonio Bechara (Buenos Aires), Fernando Manuel Gonçalves de Gouveia (Vila Real) y María Cristina Fulco Fernández (Montevideo).

3 de octubre

Hoy he mandado a la revista *Visão* este artículo. Se titula «Alégrate, izquierda»:

«Motivos no te faltan. Por culpa de la asfixiante marea alta de los neoliberalismos, ibas por ahí con el alma confundida, tirando al centro y escondiendo las banderas, sin rumbo y mustia de convicciones, sin ninguna idea coherente sobre cómo deberías comportarte ante la evidencia de que el motor mandarín de la Querida Europa estaba siendo lubricado y gobernado desde hacía dieciséis años por cabezas alemanas conservadoras, limitándote tú a firmar, de vez en cuando, en la línea de puntos que te indicaban. Ya puedes levantar las manos al cielo y darle las gracias a San Antonio de los Olvidados; ese tiempo ha acabado. Las cabezas alemanas conservadoras acaban de ser sustituidas por cabezas alemanas socialdemócratas. Estás, por lo tanto, con tu gente. Y no solo eso: de repente has descubierto que, salvo las aburridas excepciones de España e Irlanda, toda la Europa política de hoy puede enarbolar los colores y los símbolos más queridos por tu sensible corazón, exceptuando, claro está, aquellas dos herramientas de escaso uso en la tecnología actual que son la hoz y el martillo. Y como las gracias, igual que las desgracias, nunca vienen solas, tienes al otro lado del Atlántico, en los Estados Unidos de América del Norte, al mejor guía, mentor y ejemplo de limpieza moral que podrías soñar, un hombre que, a pesar de ser tan habilidoso en los conceptos de lo impropio y lo inadecuado, no ha dudado en mandar bombardear una fábrica de productos farmacéuticos en África, alegando, sin la más mínima prueba, que allí se estaban produciendo armas químicas que podrían ser utilizadas contra ciudadanos o instalaciones norteamericanas. Me temo lo peor: si al señor William Jefferson Clinton se le pasa por la cabeza que un turista de Texas o Alabama puede alguna vez ser mordido por un perro de

Lanzarote, no doy un duro por la vida de *Pepe, Greta* o *Camões*...

»El acoso político y mediático al presidente de los Estados Unidos de América del Norte, consecuencia de sus entretenimientos eróticos y de su irremediable dificultad para distinguir entre verdad y mentira, si es verdad que ha divertido a una mitad del mundo, llega a tal punto que ha acabado por encender la indignación de la otra mitad. A mí me ha parecido bien. Sin embargo, me habría parecido mejor que las dos mitades se hubiesen puesto de acuerdo para exigirle cuentas por la muerte de los sudaneses víctimas inocentes del alarde guerrero del señor Clinton. Se olvidaron de hacerlo, quizá por considerar que unos cuantos negros más o menos dan igual en el mundo... El hombre más poderoso de ese mundo está, por definición y principios, por encima de estas cuestiones. El pretor no tiene que preocuparse por estas pequeñeces...

»¿Me he apartado del tema? Al contrario, he entrado de lleno en él. La primera pregunta que tengo que hacerle a la izquierda, en especial a aquella que tiene responsabilidades de gobierno, es la siguiente: ¿cree que está respetando realmente sus obligaciones, tanto programáticas como político-ideológicas, participando con la boca cerrada en los contubernios en que se está preparando el Acuerdo Multilateral sobre la Inversión, el ya célebre AMI? Más: ¿entiende la izquierda, ya no digo intelectualmente y en lo inmediato, sino las consecuencias futuras de lo que está en juego en esas negociaciones? ¿Acepta que los países con gobiernos socialistas o socialdemócratas integrados en la OCDE, en cuyo seno se prepara la conspiración, hagan una vez más tabla rasa de sus promesas electorales y de sus programas, ya mil veces incumplidos? ¿Tiene la izquierda información del carácter extraterritorial de la Ley Helms-Burton, que viene sirviéndole a los Estados Unidos de América del Norte para asfixiar impunemente la economía de Cuba?

¿Sabe la izquierda que el Gobierno del señor Clinton pretende introducir en el proyecto en debate aspectos fundamentales de esa ley, violando disposiciones básicas de la Organización Mundial del Comercio, la letra y el espíritu de la Carta de las Naciones Unidas y la soberanía de los Estados? ¿Cree la izquierda que sus ideas (si todavía tiene las mismas...) de socialismo o socialdemocracia son compatibles con la libertad total de maniobra de las multinacionales y los mercados financieros, reduciendo al Estado a meras funciones de administración corriente y a los ciudadanos a consumidores y clientes, tanto más dignos de atención cuanto más consuman y cuanto más dócilmente se comporten? No tengo la más mínima esperanza de que alguien responda a estas preguntas, pero cumplo con mi deber al hacerlas.

»Alégrate, izquierda, mañana llorarás...»

5 de octubre

Para Alexandra Lucas Coelho, de *Público*.

«¿Qué significa hoy ser un escritor comunista? Al margen de las distinciones más o menos sutiles que podríamos hacer entre ser un escritor comunista y un comunista escritor (no es realmente lo mismo, por ejemplo, ser un periodista comunista y un comunista periodista...), creo que la pregunta no se dirige al objetivo más importante. Al menos en mi opinión. Quitemos al escritor y preguntemos simplemente: ¿qué significa ser hoy comunista? La Unión Soviética se ha desmoronado, arrastrando en su caída a las denominadas democracias populares, la China histórica ha cambiado menos de lo que se cree, Corea del Norte es una farsa trágica, las manos de los Estados Unidos siguen apretando el cuello de Cuba... ¿Todavía es posible, en esta situación, ser comunista? Creo que sí. Con la condición, reconozco que nada materialista, de no perder el temperamento. Ser comunista o socialista es, entre otras cosas, y tanto como o aún más importante que lo demás, un temperamento. En este sentido, ¿ha sido Yeltsin alguna vez comunista? ¿Lo fue alguna vez Stalin? El epígrafe que puse en *Casi un objeto,* sacado de *La sagrada familia,* contiene y explica de modo claro y definitivo lo que intento expresar. Dicen Marx y Engels: "Si el hombre es formado por las circunstancias, entonces es necesario formar las circunstancias humanamente". Aquí está todo. Solo un "temperamento comunista" puede tener siempre presentes, como regla de pensamiento y de conducta, estas palabras. En todas las circunstancias.»

7 de octubre

Frankfurt. Coloquio en la Feria sobre comunismo.

8 de octubre

Aeropuerto de Frankfurt. Premio Nobel. La azafata. Teresa Cruz. Entrevistas.

9 de octubre

Madrid. Rueda de prensa.

10 de octubre

Llegada a Lanzarote.
A Casa estaba llena de flores.

12 de octubre

Llegada a Lisboa.

13 de octubre

Terreiro do Paço. Confederação Geral dos Trabalha-dores Portugueses. Centro Cultural de Belém.

16 de octubre

Oporto. Encuentro de Literaturas Iberoamericanas.

17 de octubre

Matosinhos. Fidel Castro.

20 de octubre

José Manuel Mendes, Varina. Setúbal.

21 de octubre

Facultad de Ciencias, Departamento de Geología. Bertrand.

22 de octubre

Oeiras. Entrevista *A Bola*.

23 de octubre

Almada.

24 de octubre

Caldas da Rainha. Ayuntamiento. Medalla de oro.

25 de octubre

Ericeira. Fiesta popular.

26 de octubre

Entrevista con Baptista-Bastos. SIC. Coímbra. Medalla de oro.
Muerte de José Cardoso Pires.

27 de octubre

Madrid. Casa de América. José Luis Sampedro.

28 de octubre

Lavre. Montemor. Évora. Medalla de oro. Regalo de capote alentejano.

29 de octubre

Para el disco de Tania Libertad.
«No es verdad que todo el mundo ya esté descubierto. El mundo no es solo la geografía con sus valles y mon-

tañas, sus ríos y lagos, sus llanuras, los grandes mares, las ciudades y las calles, los desiertos que ven pasar el tiempo, el tiempo que nos ve pasar a todos. El mundo es también las voces humanas, ese milagro de la palabra que se repite todos los días, como una corona de sonidos viajando en el espacio. Muchas de esas voces cantan, algunas cantan verdaderamente. La primera vez que oí cantar a Tania Libertad sentí la revelación de las alturas de emoción a que nos puede llevar una voz desnuda, sola frente al mundo, sin instrumento que la acompañe. Tania cantaba a capela *La paloma* de Rafael Alberti, y cada nota acariciaba una cuerda de mi sensibilidad hasta el deslumbramiento.

»Ahora Tania Libertad canta a Mario Benedetti, ese gran poeta a quien le sentaría espléndidamente el nombre de Mario Libertad...

»Son dos voces humanas, profundamente humanas, reunidas por la música de la poesía y la poesía de la música. Las palabras de él, la voz de ella. Oyéndolas nos sentimos más cerca del mundo, más cerca de la libertad, más cerca de nosotros mismos...»

Instituto Goethe. Günter Grass.

30 de octubre

Madrid. Presentación del libro de Gabriel Albiac.

5 de noviembre

París. Gulbenkian. *Deux romans, plus un.*

6 de noviembre

París. Sorbonne.

14 de noviembre

Lanzarote. Entrevista Anders Lange, *Morgenavisen.*

15 de noviembre

Norddeutscher Rundfunk. Jürgen Deppe y Claudia Wuttke.

18 de noviembre

Cecilia Huldt, Radio Nacional Sueca.

21 de noviembre

Barry Hetton, Associated Press.
Alan Riding, *The New York Times.*

25 de noviembre

Carl Otto Werkelid, *Svenska Dagbladet.*

26 de noviembre

Natan Sacher, *Dagens Nyheter.*

27 de noviembre

Paris Match. El Mundo.

28 de noviembre

Paris Match.

29 de noviembre

El Semanal.

1 de diciembre

La Jornada. El Tiempo, Bogotá.

5 de diciembre

Llegada a Estocolmo. Rueda de prensa en el aeropuerto. Encuentro con Amadeu Batel. Nieve.

6 de diciembre

Nieve. Paseo por la ciudad vieja con una televisión sueca. Casas de escritores, donde parece que ahora solo vive uno. Episodio del hombre que barría la nieve. La felicitación repetida. Comida en casa de Monica Scheer con traductores: Hans Berggren, Marianne Eyre, Sarita Brandt...

Siete entrevistas en el hotel...

Escrito a lo largo del mes pasado, dejo aquí el discurso leído en esta fecha ante la Academia Sueca. Título: *De cómo el personaje fue maestro y el autor su aprendiz.*

«El hombre más sabio que he conocido en toda mi vida no sabía leer ni escribir. A las cuatro de la madrugada, cuando la promesa de un nuevo día aún venía por tierras de Francia, se levantaba del catre y salía al campo, llevando hasta el pasto la media docena de cerdas de cuya fertilidad se alimentaban él y su mujer. Vivían de esta escasez mis abuelos maternos, de la pequeña cría de cerdos que después del destete eran vendidos a los vecinos de la aldea. Azinhaga era su nombre, en la provincia del Ribatejo. Se llamaban Jerónimo Melrinho y Josefa Caixinha esos abuelos, y eran analfabetos el uno y el otro. En invierno, cuando el frío de la noche apretaba hasta el punto de que el agua de los cántaros se helaba dentro de la casa, recogían de las pocilgas a los lechones más débiles y se los llevaban a su cama. Bajo las ásperas mantas, el calor de los humanos libraba a los animalillos de helarse y los salvaba de una muerte segura. Aunque fueran gente de buen carácter, no era por primores de alma compasiva por lo que los dos viejos procedían así: lo que les preocupaba, sin sentimentalismos ni retóricas, era proteger su pan de cada día, con la naturalidad de quien, para mantener la vida, no aprendió a pensar más de lo indispensable. Ayudé muchas veces a este mi abuelo Jerónimo en sus andanzas de pastor, cavé muchas veces la tierra del huerto junto a la casa y corté leña para la lumbre, muchas veces, dando vueltas y vueltas a la gran rueda de hierro que accionaba la bomba, hice subir agua del pozo comunitario y la llevé al hombro, muchas veces, a escondidas de los guardas de las cosechas, fui con mi abuela, también de madrugada, pertrechados de rastrillo, paño y cuerda, a recoger en los rastrojos la paja suelta que después serviría para lecho del ganado. Y algunas veces, en noches calientes de verano, después de la cena, mi abuelo me decía: "José, hoy vamos a dormir los dos bajo la higuera". Había otras dos higueras, pero aquella, ciertamente por ser la más grande, por ser la más antigua, por ser la de siempre, era, para todas las personas de la casa, la higuera. Más o menos por antonomasia, palabra erudita que solo muchos años después acabaría conociendo y sabiendo lo que significaba... En medio de la paz nocturna, entre las ramas altas del árbol, se me aparecía una estrella, y después, lentamente, se escondía por detrás de una hoja y, mirando en otra dirección, como un río corriendo en silencio por el cielo cóncavo, surgía la claridad traslúcida de la Vía Láctea, el Camino de Santiago, como todavía lo llamábamos en la aldea. Mientras llegaba el sueño, la noche se poblaba con las historias y los sucesos que iba contando mi abuelo: leyendas, apariciones, asombros, episodios singulares, muertes antiguas, escaramuzas de palo y piedra, palabras de antepasados, un incansable rumor de memorias que me mantenía despierto, al tiempo que me acunaba suavemente. Nunca supe si él se callaba cuando descubría que me había dormido, o si seguía hablando para no dejar a medias la respuesta a la pregunta que invariablemente le hacía en las pausas más largas que él, calculadamente, introducía en el relato: "¿Y después?". Tal vez repitiese las historias para sí mismo, quizá para no olvidarlas, quizá para enriquecerlas con nuevas peripecias. En aquella edad mía y en aquel tiempo de todos nosotros, no será necesario decir que yo me imaginaba que mi abuelo Jerónimo era señor de toda la ciencia del mundo. Cuando, con la primera luz de la mañana, me despertaba el canto de los pájaros, él ya no estaba allí, se había ido al campo con sus animales, dejándome dormir. Entonces me levantaba, doblaba la manta y, descalzo (en la aldea anduve siempre descalzo hasta los catorce años), todavía con pajas enredadas en el pelo, pasaba de la parte cultivada del huerto a la otra, donde se encontraban las pocilgas, al lado de la casa. Mi abuela, ya en pie desde antes que mi abuelo, me ponía delante un tazón de café con trozos de pan y me preguntaba si había dormido bien. Si le contaba algún mal sueño surgido de las historias del abuelo, ella siempre me tranquilizaba: "No hagas caso, en sueños no hay firmeza". Pensaba entonces que mi abuela, aunque también fuese una mujer muy sabia, no alcanzaba las alturas de mi abuelo, ese que, tumbado bajo la higuera, con el nieto José al lado, era capaz de poner el universo en movimiento solo con dos palabras. Muchos años después, cuando mi abuelo ya se había ido de este mundo y yo era un hombre hecho, llegué a comprender que mi abuela, al final, también creía en los sueños. No podría significar otra cosa el que, estando sentada una noche ante la puerta de su pobre casa, donde entonces vivía sola, mirando las estrellas mayores y menores por encima de su cabeza, hubiese dicho estas palabras: "El mundo es tan bonito y me da tanta pena morirme". No dijo me da miedo morirme, dijo me da pena morirme, como si la vida de continuo y pesado trabajo que había sido la suya, en aquel momento casi final, estuviese recibiendo la gracia de una suprema y última despedida, el consuelo de la belleza revelada. Estaba sentada a la puerta de una casa como no creo que haya habido alguna otra en el mundo, porque en ella vivió gente capaz de dormir con cerdos como si fuesen sus propios hijos, gente que tenía pena de irse de la vida solo porque el mundo era bonito; gente, y ese fue mi abuelo Jerónimo, pastor y contador de historias, que, al presentir que la muerte venía a buscarlo, se despidió de los árboles de su huerto uno por uno, abrazándolos y llorando porque sabía que no los volvería a ver.

»Muchos años después, escribiendo por primera vez sobre mi abuelo Jerónimo y mi abuela Josefa (me ha faltado decir que ella había sido, según cuantos la conocieron de joven, de una belleza inusual), tuve conciencia de que estaba transformando las personas comunes que habían

194

sido en personajes literarios y que esa era, probablemente, la manera de no olvidarlos, dibujando y volviendo a dibujar sus rostros con el lápiz siempre cambiante del recuerdo, coloreando e iluminando la monotonía de una cotidianeidad opaca y sin horizontes, como quien va recreando sobre el inestable mapa de la memoria la irrealidad sobrenatural del país en que decidió pasar a vivir. La misma actitud de espíritu que, después de haber evocado la fascinante y enigmática figura de un cierto bisabuelo berebere, me llevaría a describir más o menos en estos términos un viejo retrato (hoy ya con casi ochenta años) donde aparecen mis padres. "Están los dos de pie, bellos y jóvenes, mirando al fotógrafo, mostrando en el rostro una expresión de solemne gravedad que es tal vez temor delante de la cámara, en el instante en que el objetivo va a fijar, del uno y del otro, la imagen que nunca más volverán a tener, porque el día siguiente será implacablemente otro día. Mi madre apoya el codo derecho en una columna alta y sostiene en la mano izquierda, caída a lo largo del cuerpo, una flor. Mi padre pasa el brazo por la espalda de mi madre y su mano callosa aparece sobre el hombro de ella como un ala. Ambos pisan tímidos una alfombra floreada. La tela que sirve de fondo postizo al retrato muestra unas difusas e incongruentes arquitecturas neoclásicas." Y terminaba: "Tendría que llegar el día en que contaría estas cosas. Nada de esto tiene importancia, a no ser para mí. Un abuelo berebere, llegado del norte de África, otro abuelo pastor de cerdos, una abuela maravillosamente bella, unos padres serios y hermosos, una flor en un retrato... ¿Qué otra genealogía puede importarme? ¿En qué árbol mejor me apoyaría?".

»Escribí estas palabras hace casi treinta años, sin otra intención que no fuese reconstituir y registrar instantes de la vida de las personas que me engendraron y que estuvieron más cerca de mí, pensando que no necesitaría explicar nada más para que se supiese de dónde vengo y de qué materiales se hizo la persona que empecé siendo y esta en que poco a poco me he convertido. Ahora descubro que estaba equivocado, la biología no determina todo y, en cuanto a la genética, muy misteriosos habrán sido sus caminos para haber dado una vuelta tan larga. A mi árbol genealógico (perdóneseme la presunción de designarlo así, siendo tan menguada la sustancia de su savia) no le faltaban solo algunas de aquellas ramas que el tiempo y los sucesivos encuentros de la vida van desgajando del tronco central; también le faltaba quien ayudase a sus raíces a penetrar hasta las capas subterráneas más profundas, quien apurase la consistencia y el sabor de sus frutos, quien ampliase y robusteciese su copa para hacer de ella abrigo de aves migratorias y amparo de nidos. Al pintar a mis padres y a mis abuelos con pinturas de literatura, transformándolos de las simples personas de carne y hueso que habían sido en personajes nuevamente y de otro modo constructores de mi vida, estaba, sin darme cuenta, trazando el camino por donde los personajes que habría de inventar, los otros, los efectivamente literarios, fabricarían y me traerían los materiales y las herramientas que, al final, en lo bueno y en lo menos bueno, en lo bastante y en lo insuficiente, en lo ganado y en lo perdido, en aquello que es defecto pero también en aquello que es exceso, acabarían haciendo de mí la persona en que hoy me reconozco: creador de esos personajes pero, al mismo tiempo, criatura de ellos. En cierto sentido se podría decir que, letra a letra, palabra a palabra, página a página, libro a libro, he venido, sucesivamente, implantando en el hombre que fui los personajes que creé. Considero que sin ellos no sería la persona que hoy soy; sin ellos mi vida tal vez no hubiese logrado ser más que un esbozo impreciso, una promesa como tantas otras que no consiguieron pasar de promesa, la existencia de alguien que tal vez pudiese haber sido y no llegó a ser.

»Ahora soy capaz de ver con claridad quiénes fueron mis maestros de vida, los que más intensamente me enseñaron el duro oficio de vivir, esas decenas de personajes de novela y de teatro que en este momento veo desfilar ante mis ojos, esos hombres y esas mujeres, hechos de tinta y de papel, esa gente que yo creía que iba guiando de acuerdo con mis conveniencias de narrador y obedeciendo a mi voluntad de autor, como títeres articulados cuyas acciones no pudiesen tener más efecto en mí que el peso soportado y la tensión de los hilos con que los movía. De esos maestros el primero fue, sin duda, un mediocre pintor de retratos que designé simplemente con la letra H., protagonista de una historia a la que creo razonable llamar de doble iniciación (la suya, pero también, de algún modo, la del autor del libro), titulada *Manual de pintura y caligrafía*, que me enseñó la honradez elemental de reconocer y acatar, sin resentimiento ni frustración, mis propios límites: sin poder ni ambicionar aventurarme más allá de mi pequeño terreno de cultivo, me quedaba la posibilidad de cavar hacia el fondo, hacia abajo, en dirección a las raíces. Las mías, pero también las del mundo, si podía permitirme una ambición tan desmedida. No me compete a mí, claro está, evaluar el mérito de los esfuerzos realizados, pero creo que es hoy patente que todo mi trabajo, de ahí en adelante, obedeció a ese propósito y a ese principio.

»Vinieron después los hombres y las mujeres del Alentejo, aquella misma hermandad de condenados de la Tierra a la que pertenecieron mi abuelo Jerónimo y mi abuela Josefa, campesinos rudos obligados a alquilar la fuerza de los brazos a cambio de un salario y de condiciones de trabajo que solo merecerían el nombre de infames, cobrando por menos que nada una vida a la que los seres cultos y civilizados que nos preciamos de ser llamamos, según las ocasiones, preciosa, sagrada y sublime. Gente popular que conocí, engañada por una Iglesia tan cómplice como beneficiaria del poder del Estado y de los terratenientes latifundistas; gente permanentemente vigilada por la policía; gente, cuántas y cuántas veces, víctima inocente de las arbitrariedades de una justicia falsa. Tres generaciones de una familia de campesinos, los Mau-Tempo, desde el inicio del siglo hasta la Revolución de Abril de 1974 que derribó la dictadura, pasan por esa novela a la que di el título de *Levantado del suelo,* y fue con esos hombres y mujeres levantados del suelo, personas reales primero, figuras de ficción después, con quienes aprendí a ser paciente, a confiar y a entregarme al tiempo, a ese tiempo que simultáneamente nos va construyendo y destruyendo para de nuevo construirnos y otra vez destruirnos. No estoy seguro de haber asimilado de manera satisfactoria aquello que la dureza de las experiencias hizo virtud en esas mujeres y esos hombres: una actitud naturalmente estoica ante la vida. Teniendo en cuenta, sin embargo, que la lección recibida, pasados más de veinte años, permanece intacta en mi espíritu como una insistente convocatoria, no he perdido, hasta ahora, la esperanza de llegar a ser un poco más merecedor de la grandeza de los ejemplos de dignidad que me fueron propuestos en la inmensidad de las llanuras del Alentejo. El tiempo lo dirá.

»¿Qué otras lecciones podría yo recibir de un portugués que vivió en el siglo XVI, que compuso las *Rimas* y las glorias, los naufragios y los desencantos patrios de *Los Lusiadas,* que fue un genio poético absoluto, el mayor de nuestra literatura, por mucho que eso le pese a Fernando Pessoa, que se proclamó a sí mismo como el Super-Camões? Ninguna lección a mi alcance, ninguna lección que fuese capaz de aprender salvo la más simple que me podría ofrecer el hombre Luís Vaz de Camões en su más profunda humanidad, por ejemplo, la humildad orgullosa de un autor que va llamando a todas las puertas en busca de quien esté dispuesto a publicar el libro que escribió, sufriendo por ello el desprecio de los ignorantes de sangre y de casta, la indiferencia desdeñosa de un rey y de su compañía de poderosos, el escarnio con el que desde siempre ha recibido el mundo la visita de los poetas, los visionarios y los locos. Al menos una vez en la vida, todos los autores tuvieron o tendrán que ser Luís de Camões, aunque no escriban las redondillas de *Sobre los ríos*. Entre hidalgos de la corte y censores del Santo Oficio, entre los amores de antaño y las desilusiones de la vejez prematura, entre el dolor de escribir y la alegría de haber escrito, fue a este hombre enfermo que regresa pobre de la India, adonde muchos solo iban para enriquecerse, fue a este soldado ciego de un ojo y golpeado en el alma, fue a este seductor sin fortuna que no volverá nunca más a perturbar los sentidos de las damas de palacio, a quien di vida en el escenario de la pieza teatral llamada *¿Qué haré con este libro?,* en cuyo final resuena otra pregunta, aquella que verdaderamente importa, aquella que nunca sabremos si alguna vez llegará a tener una respuesta suficiente: "¿Qué haréis con este libro?". Humildad orgullosa fue la de llevar bajo el brazo una obra maestra y verse injustamente rechazado por el mundo. Humildad orgullosa también, y obstinada, esta de querer saber para qué servirán mañana los libros que escribimos hoy, y dudar enseguida de que consigan perdurar largamente (¿hasta cuándo?) las razones tranquilizadoras que quizá nos estén dando o que estamos dándonos a nosotros mismos. Nadie se engaña mejor que cuando consiente que lo engañen otros...

»Se acercan ahora un hombre que dejó la mano izquierda en la guerra y una mujer que vino al mundo con el misterioso poder de ver lo que hay detrás de la piel de las personas. Él se llama Baltasar Mateus y tiene el apodo de Siete-Soles, a ella la conocen por Blimunda, y también por el apodo de Siete-Lunas que le fue añadido después, porque está escrito que donde haya un sol habrá una luna y que solo la presencia conjunta de uno y otro hará habitable, por el amor, la tierra. Se acerca también un padre jesuita llamado Bartolomeu que inventó una máquina capaz de subir al cielo y volar sin otro combustible que no sea la voluntad humana, esa que, según se viene diciendo, todo lo puede, aunque no pudo, o no supo, o no quiso, hasta hoy, ser el sol y la luna de la simple bondad o del todavía más simple respeto. Son tres locos portugueses del siglo XVIII en un tiempo y en un país donde florecieron las supersticiones y las hogueras de la Inquisición, donde la vanidad y la megalomanía de un rey hicieron levantar un convento, un palacio y una basílica que asombrarían al mundo exterior, en el caso poco probable de que ese mundo tuviera ojos para ver Portugal, tal como sabemos que los tenía Blimunda para ver lo que estaba escondido. Y también se acerca una multitud de miles y miles de hombres con las manos sucias y callosas, con el cuerpo exhausto de haber levantado, durante años sin fin, piedra a piedra, los muros implacables del convento, los enormes salones del palacio, las columnas y las pilastras, los campanarios aéreos, la cúpula de la basílica suspendida sobre el vacío. Los sonidos que estamos oyendo son del clavicornio de Domenico Scarlatti, que no sabe si debe reír o llorar... Esta es la historia de *Memorial del convento,* un libro en el que el aprendiz de autor, gracias a lo que le venía siendo enseñado desde los tiempos antiguos de sus abuelos Jerónimo y Josefa, consiguió escribir palabras como estas, donde no está ausente alguna poesía: "Aparte de la conversación de las mujeres, son los sueños los que sostienen al mundo en su órbita. Pero son también los sueños los que le ponen una corona de lunas, por eso el cielo es el resplandor que hay dentro de la cabeza de los hombres, si no es la cabeza de los hombres el propio y único cielo". Que así sea.

»De las lecciones de poesía sabía ya algo el adolescente, aprendidas en sus libros de texto, cuando, en una escuela de enseñanza profesional de Lisboa, andaba preparándose para el oficio que ejerció al principio de su vida laboral: el de mecánico cerrajero. Tuvo también buenos maestros en las largas horas nocturnas que pasó en bibliotecas públicas, leyendo al azar de encuentros y de catálogos, sin orientación, sin nadie que le aconsejase, con el mismo asombro creador del navegante que va inventando cada lugar que descubre. Pero fue en la biblioteca de la escuela industrial donde empezó a escribir *El año de la muerte de Ricardo Reis...* Allí encontró un día el joven aprendiz de cerrajero (tendría entonces diecisiete años) una revista —*Athena* era el título— en la que había poemas firmados con aquel nombre y, naturalmente, siendo tan mal conocedor de la cartografía literaria de su país, pensó que existía en Portugal un poeta que se llamaba así: Ricardo Reis. No tardó mucho tiempo en saber que el poeta propiamente dicho había sido un tal Fernando Nogueira Pessoa, que firmaba poemas con nombres de poetas inexistentes nacidos en su cabeza y a quienes llamaba heterónimos, palabra que no constaba en los diccionarios de la época, por eso le costó tanto trabajo al aprendiz de las letras saber lo que significaba. Aprendió de memoria muchos poemas de Ricardo Reis ("Para ser grande sé entero. [...] / Pon cuanto eres / en lo mínimo que hagas"), pero no podía resignarse, a pesar de ser tan joven e ignorante, a que un espíritu superior hubiese podido concebir, sin remordimiento, este verso cruel: "Sabio es el que se contenta con el espectáculo del mundo". Mucho, mucho tiempo después, el aprendiz, con el pelo ya blanco y un poco más sabio de sus propias sabidurías, se atrevió a escribir una novela para mostrar al poeta de las *Odas* algo de lo que era el espectáculo del mundo en ese año de 1936 en que lo puso a vivir sus últimos días: la ocupación de Renania por el ejército nazi, la guerra de Franco contra la República española, la creación por Salazar de las milicias fascistas portuguesas. Fue como si estuviese diciéndole: "He ahí el espectáculo del mundo, poeta mío de las amarguras serenas y del escepticismo elegante. Disfruta, goza, contempla, ya que tu sabiduría es estar sentado".

»*El año de la muerte de Ricardo Reis* terminaba con unas palabras melancólicas: "Aquí, donde el mar se acabó y la tierra espera". Por lo tanto, no habría más descubrimientos para Portugal, solo como destino una espera infinita de futuros ni siquiera imaginables: el fado de costumbre, la saudade de siempre y poco más... Entonces el aprendiz imaginó que tal vez hubiese aún una manera de volver a lanzar los barcos al agua, por ejemplo, mover la propia tierra y ponerla a navegar mar adentro. Fruto inmediato del resentimiento colectivo portugués por los desdenes históricos de Europa (sería más exacto decir fruto de mi resentimiento personal), la novela que entonces escribí —*La balsa de piedra*— separó del continente europeo a toda la Península Ibérica, transformándola en una gran isla flotante, moviéndose sin remos, ni velas, ni hélices, en dirección al sur del mundo, "masa de piedra y tierra cubierta de ciudades, aldeas, ríos, bosques, fábricas, campos bravíos, tierras cultivadas, con su gente y sus animales", camino de una utopía nueva: el encuentro cultural de los pueblos peninsulares con los pueblos del otro lado del Atlántico, desafiando así —a tanto se atrevió mi estrategia—, el dominio sofocante que los Estados Unidos de la América del Norte vienen ejerciendo en aquellos parajes... Una visión dos veces utópica entendería esta ficción política como una metáfora mucho más generosa y humana: que Europa, toda ella, deberá desplazarse hacia el sur para, en descargo de sus abusos coloniales antiguos y modernos, ayudar a equilibrar el mundo. Es decir, Europa por fin como ética. Los personajes de *La balsa de piedra* —dos mujeres, tres hombres y un perro— viajan incansablemente a través de la Península mientras ella va surcando el océano. El mundo está cambiando y ellos saben que deben buscar en sí mismos las personas nuevas en que se convertirán (sin olvidar al perro, que no es un perro como los demás). Eso les basta.

»Se acordó entonces el aprendiz de que en tiempos de su vida había hecho algunas revisiones de pruebas de libros y que si en *La balsa de piedra* hizo, por decirlo así, una revisión del futuro, no estaría mal que revisara ahora el pasado inventando una novela que se llamaría *Historia del cerco de Lisboa,* en la que un corrector, releyendo un libro del mismo título, aunque de historia, y cansado de ver cómo esa historia es cada vez menos capaz de sorprender, decide poner en lugar de un "sí" un "no", subvirtiendo la autoridad de las "verdades históricas". Raimundo Silva, así se llama el corrector, es un hombre sencillo, normal, que solo se distingue de la mayoría por creer que todas las cosas tienen su lado visible y su lado invisible y que no sabremos nada de ellas mientras no les hayamos dado la vuelta por completo. De eso precisamente trata una conversación que tiene con el historiador. Así: "Le recuerdo que los correctores [...] han visto ya mucha literatura y vida, Mi libro, se lo recuerdo, es de historia, [...] pero no siendo mi propósito apuntar otras contradicciones, en mi modesta opinión es literatura todo lo que no es vida, La historia también, La historia sobre todo, y no se ofenda, Y la pintura, y la música, La música anda resistiéndose desde que nació, unas veces va, otras viene, quiere librarse de la palabra, supongo que por envidia, pero vuelve siempre a la obediencia, Y la pintura, Bueno, la pintura no es más que literatura hecha con pinceles, Espero que no olvide que la humanidad empezó a pintar mucho antes de saber escribir, Conoce aquel refrán 'si no tienes perro, caza con el gato', en otras palabras, quien no puede escribir, pinta o dibuja, es lo que hacen los chiquillos, Lo que usted quiere decir, con otras palabras, es que la literatura ya existía antes de haber nacido, Sí señor, como el hombre, con otras palabras, ya lo era antes de serlo, Tengo la impresión de que ha equivocado usted la vocación, lo que debía ser es filósofo o historiador, [...] Me falta la preparación, señor, qué puede hacer un pobre hombre sin preparación, mucha suerte ha sido el haber venido al mundo con toda mi genética concertada, aunque, por así decirlo, en bruto, y luego sin más pulimento que las primeras letras, que resultaron ser las únicas, Podía presentarse como autodidacta, producto de su propio y digno esfuerzo, no es ninguna vergüenza, antes la sociedad se enorgullecía de sus autodidactas, Eso se acabó, vino lo del desarrollo y se acabó, los autodidactas somos vistos con malos ojos, solo quienes escriben versos o historias para distraer están autorizados para ser y seguir siendo autodidactas, [...] pero yo, se lo confieso, nunca tuve maña para la creación literaria. Pues métase a filósofo, hombre, Es usted un humorista [...] cultiva magistralmente la ironía, hasta me pregunto cómo se ha dedicado a la historia siendo tan grave y profunda ciencia, Soy irónico solo en la vida real, Razón tenía yo al pensar que la historia no es la vida real, literatura sí, y nada más, Pero la historia fue vida real en el tiempo en que aún no podía llamársele historia, [...] Entonces, cree usted, realmente, que la historia es la vida real, Creo que sí, Que la historia fue vida real, quiero decir, No le quepa la menor duda, Qué sería de nosotros si no existiese el deleátur, suspiró el corrector". Excusado será añadir que el aprendiz aprendió con Raimundo Silva la lección de la duda. Ya era hora.

»Fue probablemente este aprendizaje de la duda el que lo llevó, dos años más tarde, a escribir *El Evangelio según Jesucristo*. Es cierto, y él lo ha dicho, que las palabras del título le surgieron por efecto de una ilusión óptica, pero es legítimo que nos preguntemos si no habría sido el sereno ejemplo del corrector el que, en ese tiempo, le anduvo preparando el terreno de donde habría de brotar la nueva novela. Esta vez no se trataba de mirar por detrás de las páginas del Nuevo Testamento en busca de contrarios, sino de iluminar con una luz rasante su superficie, como se hace con una pintura para resaltar los relieves, las señales de paso, la oscuridad de las depresiones. Fue así como el aprendiz, rodeado ahora de personajes evangélicos, leyó, como si fuese por primera vez, la descripción de la matanza de los Inocentes y, habiéndola leído, no la comprendió. No comprendió que pudiese haber mártires de una religión que aún tendría que esperar treinta años para que su fundador pronunciase la primera palabra; no comprendió que no hubiese salvado la vida de los niños de Belén precisamente la única persona que lo podría haber hecho; no comprendió la ausencia, en José, de un sentimiento mínimo de responsabilidad, de remordimiento, de culpa o siquiera de curiosidad, después de volver de Egipto con su familia. Ni se podrá argumentar en defensa de la causa que fue necesario que los niños de Belén murieran para que pudiese salvarse la vida de Jesús: el simple sentido común, que debería presidir todas las cosas, tanto las humanas como las divinas, está ahí para recordarnos que Dios no enviaría a su hijo a la tierra, y además con el encargo de redimir los pecados de la humanidad, para que muriera a los dos años de edad degollado por un soldado de Herodes... En ese *Evangelio,* escrito por el aprendiz con el respeto que merecen los grandes dramas, José será consciente de su culpa, aceptará el remordimiento en castigo por la falta que cometió y se dejará conducir a la muerte sin resistencia, como si eso le faltase todavía para liquidar sus cuentas con el mundo. El *Evangelio* del aprendiz no es, por lo tanto, una leyenda edificante más de bienaventurados y de dioses, sino la historia de unos cuantos seres humanos sujetos a un poder contra el cual luchan, pero que no pueden vencer. Jesús, que heredará las sandalias con las que había pisado su padre el polvo de los caminos de la tierra, también heredará de él el sentimiento trágico de la responsabilidad y la culpa que nunca lo abandonará, ni siquiera cuando levante la voz desde lo alto de la cruz: "Hombres, perdonadle, porque él no sabe lo que hizo", refiriéndose al Dios que lo había llevado hasta allí, aunque quién sabe si recordando todavía, en esa última agonía, a su padre auténtico, aquel que, en la carne y en la sangre, humanamente, lo engendró. Como se ve, el aprendiz ya había hecho un largo viaje cuando escribió en su *Evangelio* las últimas palabras del diálogo en el templo entre Jesús y el escriba: "La culpa es un lobo que se come al hijo después de haber devorado al padre", dijo el escriba. "Ese lobo del que hablas ya se comió a mi padre", dijo Jesús. "Entonces solo falta que te devore a ti, Y tú, en tu vida, fuiste comido, o devorado, No solo comido y devorado, sino también vomitado", respondió el escriba.

»Si el emperador Carlomagno no hubiese situado en el norte de Alemania un monasterio, si ese monasterio no hubiese dado origen a la ciudad de Münster, si Münster no hubiese querido celebrar los mil doscientos años de su fundación con una ópera sobre la pavorosa guerra que enfrentó en el siglo XVI a protestantes anabaptistas y católicos, el aprendiz no habría escrito la pieza de teatro que tituló *In Nomine Dei*. Una vez más, sin otro auxilio que la pequeña luz de su razón, el aprendiz tuvo que penetrar en el oscuro laberinto de las creencias religiosas, esas que con tanta facilidad llevan a los seres humanos a matar y a dejarse matar. Y lo que vio fue nuevamente la máscara horrenda de la intolerancia, una intolerancia que en Münster alcanzó el paroxismo demencial, una intolerancia que insultaba la propia causa que ambas partes proclamaban defender. Porque no se trataba de una guerra en nombre de dos dioses enemigos, sino de una guerra en nombre de un mismo dios. Ciegos por sus propias creencias, los anabaptistas y los católicos de Münster no fueron capaces de entender la más clara de todas las evidencias: el día del Juicio Final, cuando unos y otros se presenten a recibir el premio o el castigo que merecieron sus acciones en la tierra, Dios, si en sus decisiones se rige por algo parecido a la lógica humana, tendrá que recibir en el paraíso tanto a unos como a otros, por la simple razón de que unos y otros creen en Él. La terrible carnicería de Münster enseñó al aprendiz que, al contrario de lo que prometieron, las religiones nunca sirvieron para aproximar a los hombres, y que la más absurda de todas las guerras es una guerra religiosa, teniendo en consideración que Dios no puede, aunque lo quisiera, declararse la guerra a sí mismo.

»Ciegos. El aprendiz pensó: "Estamos ciegos", y se sentó a escribir el *Ensayo sobre la ceguera* para recordar a quien lo leyera que usamos perversamente la razón cuando humillamos la vida, que la dignidad del ser humano es insultada todos los días por los poderosos de nuestro mundo, que el hombre dejó de respetarse a sí mismo cuando perdió el respeto que debía a su semejante. Después el aprendiz, como si intentara exorcizar los monstruos engendrados por la ceguera de la razón, se puso a escribir la más sencilla de todas las historias: la de una persona que busca a otra persona solo porque ha comprendido que la vida no tiene nada más importante que pedir a un ser humano. El libro se llama *Todos los nombres*. No escritos, todos nuestros nombres están allí. Los nombres de los vivos y los nombres de los muertos.

»Termino. La voz que ha leído estas páginas ha querido ser el eco de las voces conjuntas de mis personajes. No tengo, pensándolo bien, más voz que la voz que ellos han tenido. Perdonadme si os ha parecido poco esto que para mí lo es todo.»

Cena con la Academia Sueca. Las mejores impresiones.

8 de diciembre

Centro Cultural. Lectura.

Comida en Wahlström & Widstrand.

Encuentro con la ministra de Cultura. Recepción del ICEP y del IPLB en el hotel.

Texto para *Público*.

«Como declaración de principios que es, la Declaración Universal de los Derechos Humanos no crea obligaciones legales a los Estados, salvo si las respectivas Constituciones establecen que los derechos fundamentales y las libertades reconocidos en ellas se interpretarán de acuerdo con la Declaración. Todos sabemos, sin embargo, que ese

reconocimiento formal puede acabar siendo desvirtuado o incluso denegado en la acción política, en la gestión económica y en la realidad social. La Declaración Universal es considerada generalmente por los poderes económicos y por los poderes políticos, incluso cuando presumen de democráticos, como algo cuya importancia no va mucho más allá del grado de buena conciencia que les proporciona.»
Universidad de Estocolmo. Conferencia.

9 de diciembre

Comida en la embajada.
Asociación de parlamentarios. Biblioteca.
Recepción de la Fundación Nobel en la Academia Sueca.
Recepción del presidente Sampaio.
Cena con el presidente Sampaio.

10 de diciembre

Entrega del Premio en la Konserthuset.
«Exactamente hoy se cumplen cincuenta años de la firma de la Declaración Universal de los Derechos Humanos. No han faltado conmemoraciones para la efeméride. Sabiendo, sin embargo, cómo se cansa la atención cuando las circunstancias le piden que se ocupe de asuntos serios, no es arriesgado prever que el interés público por este asunto empiece a disminuir ya a partir de mañana. No tengo nada contra esos actos conmemorativos, yo mismo he contribuido modestamente a ellos con algunas palabras. Y ya que la fecha lo pide y la ocasión no lo desaconseja, permítaseme decir aquí unas cuantas más.
»En este medio siglo, no parece que los gobiernos hayan hecho por los derechos humanos todo aquello a lo

que moralmente estaban obligados. Se multiplican las injusticias, se agravan las desigualdades, crece la ignorancia, se extiende la miseria. La misma humanidad esquizofrénica capaz de enviar instrumentos a un planeta para estudiar la composición de sus rocas presencia indiferente la muerte de millones de personas por hambre. Se llega con más facilidad a Marte que a nuestro propio semejante.

»Alguien no está cumpliendo con su deber. No lo están cumpliendo los gobiernos, porque no saben, porque no pueden o porque no quieren. O porque no se lo permiten los que efectivamente gobiernan el mundo, las empresas multinacionales y pluricontinentales cuyo poder, absolutamente no democrático, ha reducido a casi nada lo que aún quedaba del ideal de la democracia. Pero los ciudadanos que somos tampoco estamos cumpliendo con nuestro deber. Pensemos que no habrá derechos humanos que puedan subsistir sin la simetría de los deberes que les corresponden y que no es de esperar que los gobiernos hagan en los próximos cincuenta años lo que no han hecho en estos que conmemoramos. Tomemos entonces, nosotros, ciudadanos comunes, la palabra. Con la misma vehemencia con que reivindicamos derechos, reivindiquemos también el deber de nuestros deberes. Quizá el mundo pueda volverse un poco mejor.

»No he olvidado los agradecimientos. En Frankfurt, el día 8 de octubre, las primeras palabras que pronuncié fueron para agradecer a la Academia Sueca la atribución del Premio Nobel de Literatura. También se lo agradecí a mis editores, a mis traductores y a mis lectores. A todos ellos vuelvo a agradecérselo. Y ahora, también, a los escritores portugueses y de lengua portuguesa, a los del pasado y a los de hoy: gracias a ellos existen nuestras literaturas, yo solo soy uno más que se ha unido a ellos. Aquel día dije que no nací para esto, pero esto me ha sido dado. Así que muchas gracias.»

11 de diciembre

Escuela de Rinkeby, en la Biblioteca Municipal.
Grabación de *Nobels Minds.*
Banquete en el castillo.

12 de diciembre

Visita a la Fundación Nobel. Recepción efectiva del diploma y la medalla.
Visita a la Biblioteca Real. Comida. Visita a la casa de Strindberg.
Firma de libros en los almacenes NK.
Escenario de los Poetas. Lectura.

13 de diciembre

Visita a la Universidad de Upsala.
Comida en el castillo de Upsala.

14 de diciembre

Regreso a Lisboa.

15 de diciembre

Sello de correos. Círculo de Lectores.

16 de diciembre

Puente de Caya. Visita a la sede de la Comunidad de Países de Lengua Portuguesa (CPLP). Azinhaga.

17 de diciembre

Sociedad Portuguesa de Autores. Presidente de honor.

18 de diciembre

Presentación del libro de Chiapas, *Las voces del espejo*.

20 de diciembre

Seguiré diciendo que la literatura no cambia el mundo, pero cada vez más voy teniendo razones para creer que la vida de una persona puede transformarse con un simple libro. Al desbastar la montaña de correspondencia que me esperaba en casa, he encontrado la siguiente carta, que habla por sí sola:

«Querido don José Saramago, esta carta tendría que habérsela escrito hace ya tiempo, perdóneme usted si lo hago ahora. Cuando termine de leerla comprenderá por qué le culpo de mi estado actual de conmoción y por qué pienso que su literatura se ha fundido con mi vida.

»Soy colombo-venezolana, guajira, de un pueblito indígena, casi un caserío, llamado Aremasain, que en lengua guayú quiere decir "hermoso jardín". Desde siempre he deseado, anhelado e intuido un hermano, pues ha de saber que soy hija única y que tengo treinta y tres años.

»Hace mucho tiempo, en una de las varias ocasiones en que tuve que regresar a mi país, encontré entre los documentos de mi padre un papelito doblado y envejecido que resultó ser un recibo de la Oficina de la Registraduría Nacional. En este, además del sello, solo había un número y me pareció raro que no contuviera ningún nombre ni referencia alguna al documento registrado, hecho inusual en mi país para este tipo de resguardos. Así que, poseída de una enorme curiosidad, decidí dedicar algunas horas a indagar su procedencia. Pero no tuve éxito en la diligencia. Mi viaje de regreso a España se me echó encima y dejé a un amigo el encargo de terminar aquella averiguación.

»Ya puede usted imaginar cómo son estas cosas. Lo cierto es que mi amigo tardó casi dos años en enviarme el certificado en cuestión, en un sobre grande de papel manila lleno de estampitas de colores. Era la inscripción de nacimiento de una niña, con un nombre y un par de apellidos extraños, pero que por las fechas estaba claro que se trataba de mí. Esta revelación me supuso una gran conmoción. Muchos detalles de mi vida comenzaron a cobrar sentido. Pero una vez leído y manoseado por diezmilésima vez aquel folio, y desechada por imposible e insustancial cualquier indagación más allá de aquel nombre, guardé el papel en el cajón del último rincón de mi casa, y continué anhelando y soñando lo de toda la vida.

»Pero este verano, estando de vacaciones en Ibiza, mi compañero me regaló un libro titulado *Todos los nombres*. Debo confesar que no había leído nunca nada suyo y que comencé la lectura con la sola intención de pasármelo bien en la playa. Pero la historia me absorbió, me chupó, me dio tres vueltas y una noche me desperté pensando que tal vez no fuese mala idea buscar en la guía telefónica.

»Mi problema, a diferencia de aquel con el que se encontró el José de su historia, consistía en que yo no tenía del todo claro a quién buscar y menos aún por dónde empezar. ¿Realmente tengo un hermano? Solo contaba con un nombre, mi nombre, ni siquiera el suyo, si es que por existir alguna vez había tenido uno. ¿Y en qué guía buscar?

¿La de Aremasain? A mi pueblo todavía no han llegado los teléfonos y yo, al otro lado del "charco", a miles de kilómetros de distancia... Al final, después de darle muchas vueltas y haciendo gala de una lógica detectivesca, pensé que debería comenzar consultando las guías de las grandes capitales; después de todo, las ciudades latinoamericanas son como grandes embudos en los que tarde o temprano cae todo el mundo. Una intuición, una más de las muchas que me señalarían este camino, hizo que comenzara buscando en la guía de Santa Fe de Bogotá.

»Al principio no fue fácil, tardé varios días en contratar un servidor e instalar un programa en mi computador que me permitiera "navegar" por esos mares procelosos de la informática. Después de muchos intentos y muchas horas perdidas mirando las estrellas de mi pantalla, me ocurrió lo que a todo el mundo que se sumerge por primera vez en la red: no encontré nada. Ninguna guía telefónica colombiana o venezolana se puede consultar en Internet. Pero no me di por vencida. Después de perder otras horas más hablando amistosamente con las señoritas de información internacional de Telefónica, decidí llamar a un amigo bogotano, ¿recuerda?, el mismo que terminó aquella primera diligencia. Le pedí que por favor sacara fotocopias de su guía telefónica, de las páginas correspondientes al apellido equis, y que me las enviara por correo urgente o por fax.

»Al otro día encontré en el fax un listado enrollado con nombres y números casi ininteligibles. Comencé subrayando todos aquellos que contenían los dos apellidos del certificado, luego seleccioné varios nombres. Hubo uno, y no precisamente el primero de mi lista, que me llamó la atención, quizá otra intuición. Marqué el número por el discado directo internacional y al otro lado me contestó una voz soñolienta, una voz de muchacho. Pregunté por la persona que aparecía en la guía y él respondió: Soy yo, ¿quién es usted? Entonces yo le dije mi nombre, es decir, el nombre que aparecía en el certificado de la Registraduría. Él calló durante algunos segundos, por poco más se me revienta el pecho, y luego exclamó: ¡Eres mi hermana! En Bogotá daban apenas las cinco y media de la mañana.

»A partir de ese momento he vivido en una especie de torbellino. Usted se puede imaginar, don José, lo dichosa que me siento. Dentro de pocos días viajaré a Bogotá y conoceré a mi hermano, incluso a mi sobrino, pues sepa usted que tengo varios sobrinos. Mi hermano tiene ahora treinta y ocho años, y nunca olvidó el día en que nos separaron. Yo apenas tenía diez meses de edad. Lo maravilloso del asunto es que siempre haya intuido su existencia. Lo que prueba que los niños de muy corta edad perciben casi todo lo que ocurre a su alrededor. Lo extraordinario es que sea usted, don José, quien me haya conducido hasta el final.

»Es posible que cuando me encuentre con mi hermano las cosas no sigan siendo como ahora para mí. He idealizado tanto ese encuentro que incluso puede que llegue a sentirme defraudada. Pero a mí tampoco me importa avanzar hacia la oscuridad. No quiero que mi dicha actual se vea empañada por el miedo. Es posible que esas idealizaciones, esos sueños sean los que nos proporcionan los únicos momentos que vale la pena vivir.»

Hay otros momentos que vale la pena vivir, como haber leído una carta así y dejar que corran las lágrimas...

24 de diciembre

Muerte de Jorge Vieira.

28 de diciembre

Juguetes. *El Mundo*.

29 de diciembre

Luz Caballero. Colectivo Andersen. *Atlas geográfico de Portugal.*

31 de diciembre

Nochevieja en La Habana.

Dos días de 1999

9 de enero de 1999

Por la sencillez, por la franqueza, por el humor, por la alegría casi, aquí está una carta que no quiero dejar que se pierda. La ha escrito Maria de Lurdes Delgado Rainho, que vive en Oporto:

«En el caso de que tenga paciencia para leerme, le pido anticipadamente disculpas por el tiempo (¡su tiempo es infinitamente precioso!) que voy a robarle con mi insignificante desahogo.

»Hace unos años compré su libro *La balsa de piedra.* Empecé a leerlo distraídamente, decidí que no me gustaba y lo dejé.

»Mis hijas, jóvenes estudiantes de Historia del Arte y de Historia en la Facultad de Letras de Oporto, lo leyeron y empezaron su pequeña biblioteca "saramaguiana", y me decían que lo leyese, que me había obcecado con él, que no podían entender cómo habiendo yo andado en otros tiempos en Filología Románica (ahora ando en casa y en la familia) pasaba "de largo" por su obra. Y yo, obtusa, me resistía (solo me faltó usar el argumento del doctor Cavaco) y "de-

215

voraba" António Lobo Antunes, Lídia Jorge..., Alçada (en vacaciones, que es ligero y gentil con las mujeres).

»Un día, este año, vi en televisión un *Falatório* en el que usted conversaba a solas (no con Luísa Costa Gomes, ni con Agustina, ni mucho menos con Miguel Esteves Cardoso) con Clara Ferreira Alves y me cayó muy bien: era "humano" y verbalizaba lo que yo siento con respecto al mundo en que vivimos. Hice el puente con *L'horreur économique* y era "aquello". Y yo, que no soy comunista ni nunca lo he sido (voto desde siempre al Partido Socialista), me puse a pensar que seguro estaba siendo prejuiciosa. Quizá como Sousa Lara (aunque en su momento me indignó), pero sin los mismos efectos perniciosos: primero porque no soy poder, segundo porque soy "tolerante" (*Cuadernos de Lanzarote,* volumen V). Pasó el verano como el tierno Alçada, ritmando las vacaciones familiares en una casa en la Toscana (no, no pertenezco a la clase media-alta y por eso trabajo epistolarmente para encontrar pequeños paraísos en el campo al alcance de nuestro bolsillo).

»A nuestro regreso, en la cocina, oigo el grito de Vanessa: "¡Mamá, Saramago ha ganado el Nobel! ¡Es verdad!". Corrimos a la televisión (el Nobel de la Paz de Ramos-Horta y D. Ximenes lo supe inesperadamente a través de TV5) hasta que un periodista de la RTP Porto irrumpe en el programa (algo inédito en Portugal y sujeto, seguro, a expediente disciplinario) y lo confirma. Llamo a mi madre, viuda del Partido Social Demócrata (creo que, si alguna vez necesita una transfusión, tendrá que encontrar sangre naranja), y ella estalla. Llamo a mi hija Bárbara, que estaba en una excavación en Cerveira (y que merecía la noticia, porque es quien más se dedica a la lectura: la curiosidad intelectual, discúlpeme la vanidad maternal, la llevó a leer *Guerra y paz* a los diez años), y usted es aclamado por todo el equipo de la excavación. Le dejo un mensaje en el móvil a mi marido y espero a que llegue mi hijo Miguel del instituto. A mi "gruñón" de catorce años, de una gentileza enorme pero que nunca he conseguido que lea un libro (y aunque lo que el señor José Saramago le dijo al periodista José Alberto Carvalho en la inauguración de la Feria del Libro de este año me ha tranquilizado un poco, aun así lo he puesto en manos de un psicólogo para que lo ayude), le pregunté si ya lo sabía. No, ni idea. Pero lo adivinó o intuyó: "¿Se lo han dado a Saramago? ¿De verdad? ¡Guay!".

»Esa tarde, todavía con la emoción genuina en la piel, hice el *bilan* y pensé para mis adentros: "¡Tienes que leerlo! No te tiene que gustar, pero tienes que leerlo". Y volví a *La balsa de piedra*. Y me gustó. Y leí el *Ensayo sobre la ceguera*. Y pensé de nuevo: "¡Esto es!". Y leí *Historia del cerco de Lisboa*. Y no sé lo que piensan el autor y los críticos, pero para mí es una fascinante y delicada historia de amor. Y leí... Y cuando se me acabó lo que tenía por aquí escribí mi carta a Papá Noel (una manía de nuestra casa) para pedir lo que no teníamos.

»Dicho esto, estoy muy agradecida a la Academia Sueca, que me ha dado el empujón que necesitaba, a Lídia Jorge, que lo dijo todo: "Es un hombre bueno", pero le estoy infinitamente más agradecida a usted, que me ha dado y seguirá dando innumerables horas de todas las cosas de las que se alimenta mi vida.»

14 de enero

Pilar me había dicho al salir de Lanzarote: «Si tienes tiempo, pásate por El Corte Inglés y cómprate unos cuantos calcetines, que falta te hacen». Por la mañana he ido a la editorial, he hablado con Juan Cruz, he firmado unos libros para enviar a La Habana, después he comido con Ana María Matute, Lola Díaz, Ramón Buenaventura y Miguel Naveros, que acaba de publicar su primera novela. También estaban la mujer y la hijastra de Naveros. Las comidas en Madrid acaban siempre tardísimo, sobre todo si la conversación es animada, como era el caso. A pesar de ello, antes de dirigirme al Palacio Real para asistir a la entrega del Premio Reina Sofía de Poesía Iberoamericana a José Ángel Valente, he tenido tiempo para encaminar mis pasos hacia El Corte Inglés. Estaba eligiendo los calcetines (lo que los españoles llaman «calcetines» está más cerca de lo que nosotros llamamos *peúgas,* y *peúga,* como cualquier portugués sabe, no es *calcetín*), cuando oigo preguntar: «¿Es usted José Saramago?». Vuelvo la cabeza (hay que explicar que en ese momento me encontraba en cuclillas, examinando las estanterías más bajas) y veo a un hombre de mediana edad que me miraba con aire dudoso. He vuelto a mi posición vertical y le he respondido: «Sí, soy yo». «Eso me parecía —ha dicho—, pero como lo he visto aquí solo...». Ha añadido unas palabras simpáticas de felicitación, que le he agradecido, y se ha marchado, ya no dudoso, pero, por la expresión de su cara, sí perplejo. Evidentemente, su extrañeza no provenía de verme eligiendo calcetines en El Corte Inglés: un hombre, por más incompetente que sea en estos asuntos, no necesita estar siempre acompañado cuando va de compras. Lo que sencillamente había desconcertado a mi interlocutor era que un premio Nobel de Literatura estuviese comprando calcetines como cualquier mortal, sin contar, por lo menos, con la ayuda de dos secretarios y la protección de cuatro guardaespaldas. Y encima en una postura tan poco digna...

Descubrámonos los unos a los otros
Intervenciones de José Saramago

Verdad e ilusión democrática
(13 de marzo)

Arranco con dos citas de Aristóteles, ambas extraídas de *Política*. La primera, corta, sintética, nos dice que «en democracia, los pobres son soberanos, con exclusión de los ricos, porque ellos son en mayor número, y porque la voluntad de la mayoría es ley». La segunda, que comienza anunciando una restricción al alcance de la primera, al final resulta que la ensancha y completa, en tanto en cuanto ella misma prácticamente se eleva hasta la altura de un axioma, ese principio que, por evidente, no requiere, para convencer, el esfuerzo de una demostración. He aquí lo que nos dice la segunda cita: «La igualdad [en el Estado] pide que los pobres no tengan más poder que los ricos, que no sean ellos los únicos soberanos, mas que lo sean todos en la proporción del número existente de unos y otros. Este parece ser el medio que tiene el Estado de garantizar, eficazmente, la igualdad y la libertad». Si no estoy demasiado equivocado en la interpretación de este pasaje, lo que Aristóteles nos está diciendo aquí es que los ciudadanos ricos, aunque participen, con toda la legitimidad democrática, en el gobierno de la polis, siempre estarían en minoría, por el simple efecto de una proporcionalidad imperativa e incontestable. En algo Aristóteles acertaba: que se sepa, a lo largo de toda la Historia, jamás los ricos han sido más que los pobres. Pero ese aserto del filósofo de Estagira, pura evidencia aritmética, estalla en añicos al chocar contra la dura muralla de los hechos: los ricos siempre han sido quienes han gobernado el mundo o quienes siempre han tenido quien por ellos lo gobierne. Y hoy, probablemente, más que nunca. No me resisto a recordarles, sufriendo con mi propia ironía, que, para el discípulo de Platón, el Estado era la forma superior de moralidad...

Cualquier manual elemental de derecho político nos informará de que la democracia es «una organización interna del Estado en que cabe al pueblo el origen y el ejercicio del poder político, una organización en que el pueblo gobernado gobierna a través de sus representantes», quedando así aseguradas, añadirá dicho manual, «la intercomunicación y la simbiosis entre gobernantes y gobernados, en el marco de un Estado de derecho». En mi modesta opinión, aceptar acríticamente definiciones como esta, sin duda de una pertinencia y de un rigor formal que casi tocan la frontera de las ciencias exactas, correspondería, si nos transportásemos al cuadro personal de nuestra cotidianidad biológica, a no prestar atención a la graduación infinita de estados mórbidos, patológicos o degenerativos de diversa gravedad que es posible, en cada momento, percibir en nuestro propio cuerpo. Expresándome de otra manera: el hecho de que la democracia pueda ser definida de acuerdo con las fórmulas antes citadas, u otras igualmente equivalentes en precisión y rigor, no significa que como real y efectiva democracia tengamos que caracterizarla en todos los casos y circunstancias, solo porque todavía es posible, cuando lo sea, reencontrar e identificar, en el conjunto de sus órganos institucionales y de sus estructuras, alguno o algunos de los trazos que en las señaladas definiciones se expliciten o que en ellas estén implícitos.

Una breve y primaria incursión en la historia de las ideas políticas me va a servir para traer a colación dos cuestiones simples que, por ser del conocimiento de todo el mundo, son también, no obstante, y con el habitual argumento de que los tiempos han cambiado, relegadas e inconsideradas siempre que se presenta la ocasión de reflexionar, no ya sobre meras definiciones de democracia, sino sobre su sustancia concreta. La primera cuestión me ha recordado que la democracia apareció en la Grecia clásica, más exactamente en Atenas, hacia el siglo v antes de Cristo; que esa democracia presuponía la participación de todos los hombres libres en el gobierno de la ciudad; que se basaba en la representación directa, siendo efectivos todos los cargos, o atribuidos según un sistema mixto de sorteo y elección; que los ciudadanos tenían derecho a votar y a presentar propuestas en las asambleas populares.

Sin embargo (y es esta mi segunda cuestión), en Roma, continuadora y heredera inmediata de las innovaciones civilizadoras de los griegos, el sistema democrático, a pesar de las pruebas dadas en el país de origen, no consiguió establecerse. Conocemos las razones. Amén de algunos otros factores adyuvantes, aunque de menor importancia social y política, el principal y definitivo obstáculo a la implantación de la democracia en Roma provino del enorme poder económico de una aristocracia latifundista que, muy justificadamente, veía en el sistema democrático un enemigo directo de sus intereses. Teniendo, por supuesto, presente el riesgo de generalizaciones abusivas a las que las extrapolaciones de tiempo y de lugar siempre nos pueden conducir, es irresistible que me interrogue sobre si los imperios económicos y financieros de nuestros días, multinacionales y pluricontinentales, no serán, también ellos, fieles a la exclusiva e implacable lógica de los intereses, trabajando, fría y deliberadamente, para la eliminación progresiva de una posibilidad democrática que, cada vez más apartada temporalmente de sus indecisas expresiones de origen, va en camino de un rápido enflaquecimiento, aunque por ahora todavía mantenida en sus formas exteriores, pero profundamente desvirtuada en su esencia.

Me pregunto: ¿hasta qué punto podrán darnos garantías de una acción realmente democrática las diversas instancias del poder político cuando, aprovechándose de la legitimidad institucional que les advino de la elección popular, intentan desviar nuestra atención de la evidencia palmaria de que en el mismísimo proceso de la emisión de voto ya se encuentran presentes, y en conflicto, por un lado, la expresión de una opción política representada materialmente por el voto y, por otro lado, la demostración involuntaria de una abdicación cívica en la mayor parte de los casos sin consistencia de sí misma? Dicho con otras palabras: ¿no será verdad que, en el mismo exacto instante en que el voto es introducido en la urna, el elector transfiere a otras manos, en la práctica y sin más contrapartidas que las promesas que le habían sido hechas durante la campaña electoral, la parcela de poder político que hasta ese momento le pertenecía por legítimo derecho como miembro de la comunidad de ciudadanos?

Os parecerá tal vez imprudente por mi parte este papel de abogado del diablo que aquí supuestamente asumo, comenzando por denunciar el vacío instrumental que, en nuestros sistemas democráticos, separa a aquellos que eligieron de quienes fueron elegidos, para luego a continuación, y sin recurrir siquiera a la habilidad retórica de una transición preparatoria, pasar a interrogarme sobre la pertinencia y la propiedad efectiva de los distintos procesos políticos de delegación, representación y autoridad democrática. Doy una razón más para que nos detengamos un instante a ponderar nuestra democracia, lo que es y para qué sirve, antes de que pretendamos, como es moda del tiempo, que se convierta en obligatoria y universal. Porque esta caricatura de democracia que, como misioneros de una nueva religión, andamos queriendo, ya sea por la persuasión, ya sea por la fuerza, difundir e instalar en el resto del mundo, no es la democracia de los sabios e ingenuos griegos, sino aquella otra que los pragmáticos romanos habrían implantado en sus tierras si en ello hubieran visto alguna utilidad práctica, como oso decir que está sucediendo a nuestro alrededor en este comienzo de milenio, ahora que la tenemos ahí disminuida y rebajada por mil y un condicionantes de toda índole (económicos, financieros, tecnológicos, estructurales), los cuales, que no nos quede ninguna duda, habrían conducido a los latifundistas de Lacio a mudar rápidamente de ideas, convirtiéndose en los más activos y entusiastas «demócratas»...

A estas alturas del discurso, es más que probable que en el espíritu de muchos de los que hasta ahora me vienen escuchando con benevolencia empiece a despuntar la incómoda sospecha de que el orador, a fin de cuentas, no tiene nada de demócrata, lo que, como no dejarían los más informados y astutos de subrayar, pertenecería al dominio de las verdades obvias, conocidas como generalmente son mis inclinaciones ideológicas y políticas... Que no es este el lugar ni este el momento de justificar o defender, ya que solo me he propuesto traer aquí algo de lo que voy pensando sobre la idea, la suposición, la convicción, la esperanza de que estemos caminando, todos juntos, hacia un mundo realmente democratizado, caso en que estaríamos convirtiendo en realidad, dos milenios y medio después de Sócrates, Platón y Aristóteles, y en un nivel superior de consecución, la quimera griega de una sociedad armoniosa, ahora ya sin diferencia entre señores y esclavos, según dicen las almas cándidas que todavía creen en la perfección... Puesto que las democracias a las que reductoramente hemos llamado occidentales no son censatarias ni racistas, puesto que el voto del ciudadano más rico o de piel más clara pesa y cuenta tanto en las urnas como el del ciudadano más pobre o de piel más oscura, lo que significa que, colocando las apariencias en el lugar de las realidades, habríamos alcanzado el grado óptimo de una democracia de tenor resueltamente igualitario, a la que solo le faltaría una más amplia cobertura geográfica para convertirse en el suspirado sucedáneo político de las panaceas universales de la antigüedad médica. Ahora bien, si se me permite echar agua fría en estos superficiales y unánimes hervores, diré que la realidad brutal del mundo en que vivimos hace definitivamente irrisorios los trazos idílicos del cuadro que acabo de describir, y que siempre, de una manera o de otra, acabaremos encontrando, por fin ya sin sorpresa, un cuerpo autoritario particular bajo los ropajes democráticos generales. Intentaré explicarme mejor.

Al afirmar que el acto de votar, siendo obviamente expresión de una voluntad política determinada, es también, y en simultáneo, un acto de renuncia al ejercicio de esa misma voluntad, implícitamente manifestado en la delegación operada por el poder propio del votante, al afirmarlo, repito, me coloco simplemente en el primer peldaño de la cuestión, sin tener en cuenta otras prolongaciones y otras consecuencias del acto electoral, ya sea desde el punto de vista institucional, ya sea desde el punto de vista de los diversos estratos políticos y sociales en que discurre la vida de la comunidad de ciudadanos. Observando ahora las cosas más de cerca, creo que puedo concluir que siendo el acto de votar, objetivamente, por lo menos en gran parte de la población de un país, una forma de renuncia temporal a la acción política que debería serle natural y permanente, pero que se ve postergada y puesta en sordina hasta las elecciones siguientes, momento en que los mecanismos de delegación volverán a empezar desde el principio para de la misma manera acabar, esta, la renuncia, podrá ser, no menos objetivamente, para la minoría de los elegidos, el primer paso de un proceso que, estando democráticamente justificado por los votos, a menudo persigue, contra las baldadas esperanzas de los ilusionados votantes, objetivos que de democráticos nada tienen y que hasta podrán, en su concreción, llegar a ofender frontalmente la ley. En principio, a ninguna comunidad mentalmente sana se le pasaría por la cabeza la idea de elegir a traficantes de armas y de drogas o, en general, individuos corruptos y corruptores para que sean sus representantes en los parlamentos o en los gobiernos, aunque la amarga experiencia de todos los días nos enseña que el ejercicio de amplias áreas de poder, tanto en ámbitos nacionales como internacionales, se encuenta en manos de esos y de otros criminales, o de sus mandatarios políticos directos o indirectos. Ningún escrutinio, ningún examen microscópico de los votos depositados en una urna sería capaz de hacer visible, por ejemplo, las señales delatoras de las relaciones de concubinato entre la mayoría de los Estados y grupos económicos y financieros internacionales cuyas acciones delictuosas, incluyendo las bélicas, están conduciendo hacia la catástrofe al planeta en que vivimos.

Aprendemos de los libros, y las lecciones de la vida lo confirman, que por más equilibradas que se presenten las estructuras institucionales y su correspondiente funcionamiento, de poco nos servirá una democracia política que no tenga como raíz y razón una efectiva y concreta democracia económica y una no menos concreta y efectiva democracia cultural. Decirlo en los días que corren ha de parecer, más que una banalidad, un exhausto lugar común heredado de ciertas inquietudes ideológicas del pasado; pero sería lo mismo que cerrar los ojos a la realidad de las ideas no reconocer que esa trinidad democrática —la política, la económica, la cultural—, cada una complementaria de las otras, representó, en el tiempo de su prosperidad como proyecto de futuro, una de las más congregadoras banderas cívicas que alguna vez, en la historia reciente, fueron capaces de conmover corazones, estremecer conciencias y movilizar voluntades. Hoy, por el contrario, despreciadas y arrojadas al basurero las fórmulas que el uso, como a un zapato viejo, cansó y deformó, la idea de una democracia económica, por muy relativizada que estuviera, dio lugar a un mercado obscenamente triunfante, y la idea de una democracia cultural ha sido sustituida por una no menos obscena masificación industrial de las culturas, ese falso *melting pot* con que se pretende enmascarar el predominio absoluto de una de ellas. Creemos haber avanzado, pero, de hecho, retrocedemos. Y cada vez se hará más absurdo hablar de democracia si persistimos en el

227

equívoco de identificarla con sus expresiones cuantitativas y mecánicas, esas que se llaman partidos, parlamentos y gobiernos, sin proceder antes a un examen serio y concluyente del modo en que utilizan el voto que los colocó en el lugar que ocupan. Una democracia que no se autoobserve, que no se autoexamine, que no se autocritique, estará fatalmente condenada a anquilosarse.

No se colija de lo que acabo de decir que estoy en contra de la existencia de partidos: soy militante de uno. No se piense que aborrezco los parlamentos: los querría, eso sí, más laboriosos y menos habladores. Y tampoco se imagine que soy el inventor de una receta mágica que, a partir de ahora, permita que los pueblos vivan felices sin gobiernos: simplemente me niego a admitir que solo sea posible gobernar y desear ser gobernado de acuerdo con los modelos democráticos en uso, a mi entender incompletos e incoherentes; esos modelos que, en una especie de asustada fuga hacia delante, pretendemos erigir en universales, como si, en el fondo, solo quisiéramos huir de nuestros propios fantasmas en vez de reconocerlos como lo que son y trabajar para vencerlos.

Llamé «incompletos» e «incoherentes» a los modelos democráticos en uso porque realmente no veo la manera de designarlos de otra forma. Una democracia bien entendida, entera, redonda, radiante, como un sol que por igual a todos ilumine, deberá, en nombre de la pura lógica, comenzar por lo que tenemos más a mano, es decir, el país donde nacemos, la sociedad en que vivimos, la calle donde moramos. Si esta condición primaria no es observada, y la experiencia de cada día nos dice que no lo es, todos los raciocinios y prácticas anteriores, es decir, el fundamento teórico y el funcionamiento experimental del sistema, estarán, desde el principio, viciados y corrompidos; de nada servirá limpiar las aguas del río a su paso por la ciudad si el foco contaminador está en el nacimiento. Ya hemos visto cómo se ha vuelto obsoleto, pasado de moda, y hasta incluso ridículo, invocar los objetivos humanistas de una democracia económica y de una democracia cultural, sin los que la llamada democracia política queda limitada a la fragilidad de una cáscara, quizá brillante y coloreada por banderas, carteles y consignas, pero vacía de contenido cívicamente nutritivo. Quieren, sin embargo, las circunstancias de la vida actual que incluso esa delgada y quebradiza cáscara de las apariencias democráticas, aunque preservadas por el impenitente conservadurismo del espíritu humano, al que suelen bastarle las formas exteriores, los símbolos y los rituales para seguir creyendo en la existencia de una materialidad ya carente de cohesión o de una trascendencia que ha dejado perdidos por el camino el sentido y el nombre; quieren las circunstancias de la vida actual, repito, que los centelleos y los colores que hasta ahora han adornado, ante nuestros resignados ojos, las desgastadas formas de la democracia política se estén tornando rápidamente opacos, sombríos, inquietantes, cuando no despiadadamente grotescos, como la caricatura de una decadencia que se va arrastrando entre mofas de desprecio y unos últimos aplausos irónicos o de interesada conveniencia.

Como siempre ha sucedido desde el comienzo del mundo y siempre seguirá sucediendo hasta el día en que la especie humana se extinga, la cuestión central de cualquier tipo de organización social humana, de la cual todas las demás discurren y hacia la que, más pronto o más tarde, todas acaban por concurrir, es la cuestión del poder, y el principal problema teórico y práctico con que nos enfrentamos estriba en la necesidad de identificar quién lo detenta, de averiguar cómo llegó hasta él, de verificar el uso que de él hace, los medios de que se sirve y los fines a los que apunta. Si la democracia fuese, de hecho, lo que con auténtica o singular ingenuidad seguimos diciendo que es, el gobierno del pueblo, por el pueblo y para el pueblo, cualquier debate sobre la cuestión del poder dejaría de tener sentido, puesto que, residiendo el poder en el pueblo, sería al pueblo a quien competería su administración, y, siendo el pueblo quien administra el poder, está claro que solo lo podría hacer para su propio bien y para su propia felicidad, pues a eso lo estaría obligando aquello que llamo, sin ninguna aspiración a un mínimo de rigor conceptual, la ley de la conservación de la vida. Ahora bien, solo un espíritu perverso, panglosiano hasta el cinismo, tendría la osadía de afirmar que el mundo en que vivimos es satisfactoriamente feliz; este mundo que, por el contrario, nadie debería pretender que lo aceptáramos tal como está, solo por el hecho de ser, repitiendo el conocido —y altivo— adagio, el mejor de los mundos posibles. También insistentemente se afirma que la democracia es el sistema político menos malo de todos cuantos hasta hoy se han inventado, y no se repara en que tal vez esta aceptación resignada de una cosa que se contenta con ser «la menos mala» sea lo que nos anda frenando el paso que por ventura sería capaz de conducirnos a algo «mejor».

Por su propia naturaleza y definición, el poder democrático será siempre provisional y coyuntural, dependerá de la estabilidad del voto, de la fluctuación de las ideologías y de los intereses de las clases, y, como tal, hasta podrá ser visto como una especie de barómetro orgánico que va registrando las variaciones de la voluntad política de la sociedad. Pero, ayer como hoy, y hoy con una amplitud cada vez mayor, abundan los casos de alteraciones políticas aparentemente radicales que tuvieron como efecto radicales alteraciones de gobierno, pero que no estuvieron acompañadas de las alteraciones sociales, económicas y culturales igualmente radicales que el resultado del sufragio había prometido. Y miren que es así, que decir hoy «gobierno socialista», o «socialdemócrata», o «democratacristiano», o «conservador», o «liberal», y llamarlo «poder» es como una operación de cosmética, es pretender nombrar algo que no se encuentra donde se nos quiere hacer creer, y sí en otro e inalcanzable lugar —el del poder económico—; ese cuyos contornos podemos percibir en filigrana tras los entramados y las redes institucionales, pero que invariablemente se nos escapa cuando intentamos acercarnos y que invariablemente contraatacará si alguna vez tuviéramos la loca veleidad de reducir o disciplinar su dominio, subordinándolo a las pautas reguladoras del interés general. Con otras y más claras palabras, afirmo que los pueblos no eligieron a sus gobiernos para que los «llevasen» al mercado, y que es el mercado quien condiciona con todos los medios a los gobiernos para que le «sean llevados» los pueblos. Y si así hablo del Mercado (ahora con mayúscula), es porque él es, en los tiempos modernos, el instrumento por excelencia del auténtico, único e irrebatible poder realmente digno de ese nombre que existe en el mundo, el poder económico y financiero transnacional y pluricontinental; ese que no es democrático porque no lo eligió el pueblo, que no es democrático porque no está regido por el pueblo, que finalmente no es democrático porque no contempla la felicidad del pueblo.

No faltarán sensibilidades delicadas que consideren escandaloso y gratuitamente provocador lo que acabo de decir, incluso cuando no tengan más remedio que reconocer que no he hecho nada más que enunciar algunas verdades transparentes y elementales, unos cuantos datos que son consecuencia directa de la experiencia que todos tenemos, simples observaciones del sentido común. No obstante, sobre esas y otras no menos claras obviedades han impuesto las estrategias políticas de todos los rostros y colores un prudente silencio, a fin de que nadie ose insinuar que, conociendo la verdad, andamos cultivando la mentira o aceptamos ser sus cómplices.

Enfrentemos por tanto los hechos. El sistema de organización social que hasta aquí hemos designado como democrático se va convirtiendo cada vez más en una plutocracia (gobierno de los ricos) y es cada vez menos una democracia (gobierno del pueblo). Es imposible negar que la masa oceánica de los pobres de este mundo, siendo generalmente llamada a elegir, nunca es llamada a gobernar (los pobres nunca votarían a un partido de pobres, porque un partido de pobres no tiene nada que prometerles). Es imposible negar que en la más que problemática hipótesis de que los pobres formasen gobierno y gobernasen políticamente en mayoría, como a Aristóteles no le repugnó admitir en *Política,* aun así no dispondrían de medios para alterar la organización del universo plutocrático que los cubre, vigila y tantas veces ahoga. Es imposible que no nos demos cuenta de que la llamada democracia occidental ha entrado en un proceso de transformación retrógrada que es totalmente incapaz de parar y modificar, y cuyo resultado todo hace prever que sea su propia negación. No es necesario que nadie asuma la tremenda responsabilidad de liquidar la democracia, ella ya se va suicidando todos los días. ¿Qué haremos entonces? ¿Reformarla? Demasiado bien sabemos que reformar algo, como escribió el autor de *Il Gattopardo,* no es más que cambiar lo suficiente para que todo se mantenga igual. ¿Regenerarla? ¿A qué visión suficientemente democrática del pasado valdría la pena regresar para, a partir de ahí, reconstruir con nuevos materiales lo que hoy está en vías de perderse? ¿A la de la Grecia antigua? ¿A la de las ciudades y repúblicas mercantiles de la Edad Media? ¿A la del liberalismo inglés del siglo xvii? ¿A la del enciclopedismo francés del siglo xviii? Las respuestas serían sin duda tan fútiles como lo han sido las preguntas... ¿Qué hacer entonces? Dejar de considerar la democracia como un dato adquirido, definido de una vez y para siempre intocable. En un mundo que se ha habituado a discutir sobre todo, solo una cosa no se discute, precisamente la democracia. Melifluo y monacal, como era su estilo retórico, Salazar, el dictador que gobernó mi país durante más de cuarenta años, pontificaba: «No discutimos a Dios, no discutimos la Patria, no discutimos la Familia». Hoy discutimos a Dios, discutimos la patria, y si no discutimos la familia es porque ella se está discutiendo a sí misma. Pero no discutimos la democracia. Y digo yo: discutámosla, señoras y señores, discutámosla a todas las horas, discutámosla en todos los foros, porque si no lo hacemos a tiempo, si no descubrimos la manera de reinventarla, sí, de reinventarla, no será solo la democracia la que se pierda; también se perderá la esperanza de ver un día respetados en este infeliz planeta los derechos humanos. Y ese sería el gran fracaso de nuestra época, la señal de traición que marcaría para siempre jamás el rostro de la humanidad que ahora somos.

*Conferencia organizada por
la Cátedra Julio Cortázar
en la Universidad de
Guadalajara, México.*

El narrador omnisciente es el autor
(18 de marzo)

Abordar un texto literario, cualquiera que sea el grado de profundidad o amplitud de su lectura, presupone, y oso decir que presupondrá siempre, una cierta incomodidad de espíritu. Es como si una consciencia exterior estuviera observando con ironía la futilidad relativa de nuestros esfuerzos de destape, ya que, estando ellos obligados a organizar, en el complejo sistema capilar del texto, un itinerario continuo y una univocidad coherente, al mismo tiempo abandonan, *motu proprio,* las mil y una vías ofrecidas por otros itinerarios posibles. Esto a pesar de que sabemos, de antemano, que solo después de haber recorrido todos los caminos, aquellos y el que se eligió, podríamos acceder al significado último del texto, suponiendo que lo que llamamos texto tenga un último significado, un límite, un *no más allá.* Eso sin contar que la lectura supuestamente totalizadora así obtenida no haría más que añadir, a la red sanguínea del texto, una ramificación nueva, un circuito nuevo, y por tanto impondría la necesidad de una nueva lectura...

Todos hemos llorado la suerte de Sísifo, condenado a empujar montaña arriba una sempiterna piedra que sempiternamente rodará para el fondo del valle, pero quizá el peor castigo del desafortunado hombre sea el de saber que no podrá tocar jamás una sola de las piedras que están alrededor, esas que se quedarán esperando, en vano, la fuerza que las arrancaría de la inmovilidad. Todo lector es Sísifo, pero, a diferencia del hijo de Eolo, movemos piedras, no una piedra; movemos lecturas, no una lectura; movemos sentidos, no un sentido.

No preguntamos al soñador por qué razón está soñando, no requerimos del pensador las razones primeras de su pensar, pero nos gustaría saber, de uno y otro, adónde los llevan, o llevan ellos, el sueño y el pensamiento. En una palabra, querríamos conocer, para comodidad nuestra, esa pequeña constelación de brevedades que conocemos por el nombre de conclusiones. Sin embargo, al escritor —sueño y pensamiento reunidos— no se le puede exigir, y él tampoco sabría hacerlo, que nos explique los motivos, desvele los caminos y señale los propósitos. El escritor (igual que el pintor, igual que el escultor, igual que el músico) va borrando los rastros que dejó, crea tras de sí, entre los dos horizontes, un desierto, razón por la que el lector tendrá que trazar y abrir, en el terreno así alisado, una ruta suya, personal, que jamás coincidirá, jamás se yuxtapondrá a la ruta del escritor, para siempre escondida. A su vez, el escritor, barridas las señales que marcaron no solo el sendero por el que vino, sino también las dudas, las pausas, las mediciones de la altura del sol, la resolución de las hipotéticas bifurcaciones, no sabrá decirnos por qué camino llegó a donde ahora se encuentra, parado en medio del texto o ya en el fin de él. Ni el lector puede reconstruir el itinerario del escritor, ni el escritor puede reconstruir el itinerario del texto: el lector solo podrá interrogar al texto acabado, el escritor tal vez debiese renunciar a decir cómo lo hizo. Pero ya sabemos que no renunciará.

Cambio de tono. Por experiencia propia, he observado que, en su trato con autores a quien la fortuna, el destino o la mala suerte no permitieran la gracia de un título académico, pero que, a pesar de todo, fueron capaces de producir una obra merecedora de algún estudio, la actitud de las universidades suele ser de una benévola y sonriente tolerancia, muy parecida a la que las personas razonablemente sensibles usan en su relación con los niños y los viejos, con unos porque todavía no saben, con los otros porque ya olvidaron. Gracias a tan generoso procedimiento, los profesores de Literatura en general y los de Teoría de la Literatura en particular han acogido con simpática condescendencia —sin que por eso tiemblen sus convicciones personales y científicas— mi osada declaración de que la figura del Narrador no existe de hecho, y que solo el Autor —repito, solo el Autor— ejerce real función narrativa en la obra de ficción, cualquiera que ella sea, novela, cuento o teatro (¿dónde está, quién es el Narrador en una obra teatral?), y quién sabe si hasta en la poesía, que, tanto como soy capaz de entender, representa la ficción suprema, la ficción de las ficciones. (¿Podremos decir que los heterónimos de Pessoa son los narradores de Pessoa? Si es así, ¿quién es quien los narra a ellos? Entre unos y otros, ¿quién está narrando a quién?)

Buscando auxilio en una dudosa o, por lo menos, problemática correspondencia de las artes (véase Étienne Souriau), algunas veces he argumentado, en mi defensa, que entre una pintura y la persona que la observa no existe otra mediación que no sea la del respectivo autor ausente, y que, por tanto, no es posible identificar, o siquiera imaginar, por ejemplo, la figura de un Narrador en el *Guernica*, en *La rendición de Breda* o en *Los fusilamientos del 3 de mayo*. A esta objeción suelen responderme, en general, que, siendo las artes de la pintura y de la escritura diferentes, diferentes tendrían que ser también, necesariamente, las reglas que las definen y las leyes que las gobiernan. Tan perentoria respuesta parece que quiere ignorar el hecho, a mi entender fundamental, de que no hay, objetivamente, ninguna diferencia esencial entre la mano que va guiando el pincel o el vaporizador sobre el soporte, y la mano que va dibujando las letras en el papel o las hace aparecer en la pantalla del computador. Ambas son prolongaciones de un cerebro, ambas son instrumentos mecánicos y sensitivos, capaces, ambas, con adiestramiento y eficacia semejantes, de composiciones y ordenamientos expresivos, sin más barreras o intermediarios que los de la fisiología y de la psicología.

En esta mi contestación del Narrador, claro está, no llego hasta el punto de negar que la figura de una entidad así denominada pueda ser ejemplificada y apuntada en un texto, al menos, y lo digo con todo el respeto, según una lógica deductiva bastante similar a la de la demostración ontológica de la existencia de Dios de que San Anselmo ha sido el autor... Acepto, incluso, la probabilidad de desdoblamientos o variantes de un presunto Narrador central, con el encargo de expresar una pluralidad de puntos de vista y de juicios, considerados, por el Autor, útiles a la dialéctica de los conflictos. La pregunta que me hago, y esto es lo que verdaderamente más me interesa, es si la atención obsesiva puesta por los analistas del texto en tan escurridiza entidad, propiciadora, sin duda, esa atención, de suculentas y gratificantes especulaciones teóricas, no estará contribuyendo para la reducción del Autor y de su pensamiento a un papel de peligrosa secundariedad, siempre que se trate de llegar a una comprensión más amplia de la obra. Aclararé que, cuando hablo de pensamiento, no estoy apartando de él los sentimientos y las sensaciones, los anhelos y los sueños, todas las videncias del mundo exterior y del mundo interior sin las cuales el pensamiento se tornaría quizá (me arriesgo a pensarlo...) en un puro pensar inoperante.

Abandonando desde ahora cualquier precaución oratoria, lo que estoy asumiendo aquí, finalmente, son mis propias dudas, mis propias perplejidades sobre la identidad real de la voz narradora que vehicula, tanto en los libros que he escrito como en los que hasta ahora he leído, aquello que, definitivamente, creo que es, caso por caso, y cualesquiera que sean las técnicas empleadas, el pensamiento del Autor. El suyo propio, personal (hasta donde es posible que lo sea), o, acompañándolo, mezclándose con él, informándolo y conformándolo, los pensamientos ajenos, históricos o contemporáneos, deliberadamente o inconscientemente tomados de prestado para satisfacer las necesidades de la narración: las discursivas, las descriptivas y las reflexivas.

Y también me pregunto si la resignación o la indiferencia con que el Autor, hoy, parece aceptar la *usurpación*, por el Narrador, de la materia, de la circunstancia y de la función narrativa, que en épocas anteriores le eran, todas ellas, exclusiva e inapelablemente imputadas, no solo como Autor, sino como persona, no serán, esa resignación y esa indiferencia, una expresión más, asumida o no, de un cierto grado de *abdicación* de responsabilidades más generales.

Quien lee, ¿para qué lee? ¿Para encontrar, o para encontrarse? Cuando el Lector se asoma a la entrada de un libro, ¿es para conocerlo, o para reconocerse a sí mismo en él? ¿Quiere el Lector que la lectura sea un viaje de descubridor por el mundo del Poeta (designo ahora Poeta, si me lo permiten, a todo hacedor literario), o, sin quererlo confesar, sospecha que ese viaje no será más que un simple pisar nuevo en sus propias y conocidas veredas? ¿No serán el Escritor y el Lector como dos mapas de carreteras de países o regiones diferentes que, al sobreponerse, transparentes hasta cierto punto, uno y otro, por la lectura, se limitan a coincidir algunas veces en trechos más o menos largos del camino, dejando inaccesibles y secretos espacios no comunicantes, por donde apenas circularán, solos, sin compañía, el Escritor en su escritura, el Lector en su lectura? Más concisamente: ¿qué comprehendemos nosotros, de hecho, cuando procuramos aprehender, otra vez en sentido lato, la palabra y el espíritu poéticos?

Es común decir que ninguna palabra es poética por sí misma, y que son las otras palabras, las próximas o las distantes, las que, con intención, pero igualmente de modo inesperado, la hacen poética. Significa esto que, parejamente al ejercicio voluntarista de la elaboración literaria, durante el cual se buscan en frío efectos nuevos o se trata de disfrazar la excesiva presencia de los antiguos, existe también, y esa será la mayor suerte de quien escribe, un aparecer repentino, un situarse natural de las palabras, atraídas unas por las otras, como los diferentes mantos de agua que, provenientes de olas y energías diferentes, se ensanchan, fluyendo y refluyendo, en la arena lisa de la playa.

No es difícil, en cualquier página escrita, sea de poesía, sea de prosa, descubrir las señales de esas dos presencias: la expresión lograda que resultó del uso consciente y metódico de los recursos de una sabiduría de artesano y la expresión no menos lograda de lo que, sin haber abdicado de aquellos recursos, se encontró con una súbita y feliz composición formal, como un cristal de nieve que hubiese reunido, en la perfección de su estrella, unas cuantas moléculas de agua, y solo esas.

¿Qué hacemos, los que escribimos? Nada más que contar historias. Contamos historias los novelistas, contamos historias los dramaturgos, contamos también historias los poetas, nos las cuentan igualmente aquellos que no son, y no llegarán a serlo nunca, poetas, dramaturgos o novelistas. Incluso el simple pensar y el simple hablar cotidiano son ya una historia. Las palabras proferidas y las apenas pensadas, desde que nos levantamos de la cama, por la mañana, hasta que regresamos a ella, llegada la noche, sin olvidar las del sueño y las que el sueño intentan describir, constituyen una historia que tiene una coherencia interna propia, continua o fragmentada, y podrán, como tales, en cualquier momento, ser organizadas y articuladas en historia escrita.

El escritor, ese, todo cuanto escribe, desde la primera palabra, desde la primera línea, será en obediencia a una intención —a veces directa, a veces oculta—, aunque, en cierto modo, siempre discernible y más o menos patente, en el sentido de que está obligado, en todos los casos, a facultar al lector, paso a paso, datos cognitivos suficientes, comunes a ambos, para que ese lector pueda, sin excesiva dificultad, entender lo que, pretendiendo parecerle nuevo, diferente, tal vez original, era al cabo *conocido* porque, sucesivamente, iba siendo *reconocido*. El escritor de historias, manifiestas o disimuladas, es un ejemplo de mistificador; cuenta historias para que los lectores las reciban como creíbles y duraderas, a pesar de saber que ellas no son más que unas cuantas palabras suspendidas en aquello que yo llamaría *el inestable equilibrio del fingimiento:* palabras frágiles, permanentemente asustadas por la atracción de un *no sentido* que las empuja hacia el caos, más allá de los códigos convenidos, cuya llave, a cada momento, amenaza con perderse.

No olvidemos, no obstante, que, así como las verdades puras no existen, tampoco las puras falsedades pueden existir. Porque si es cierto que toda verdad lleva consigo, inevitablemente, una parcela de falsedad, aunque no sea más que por insuficiencia expresiva de las palabras usadas, también es cierto que ninguna falsedad llegará a ser tan radical como para no vehicular, incluso contra las intenciones del embustero, una parcela de verdad. En ese caso, la mentira podría contener, por ejemplo, dos verdades: la propia suya, elemental, esto es, la verdad de su propia contradicción (la verdad no puede ser borrada, se encuentra oculta en las mismas palabras que la niegan...), y otra verdad, la de que, sin quererlo, se tornó vehículo, comporte o no esta nueva verdad, a su vez, una parcela de mentira.

De fingimientos de verdades y de verdades de fingimientos se hacen, pues, las historias. Con todo, y a despecho de lo que, en el texto, se nos presenta como una evidencia material, la historia que al lector más debería interesar no es, en mi opinión, la que, en último extremo, le va a ser propuesta por la narrativa. Ninguna ficción (por hablar ahora apenas de lo que me es más próximo) está formada solamente por personajes, conflictos, situaciones, lances, peripecias, sorpresas, efectos de estilo, juegos malabares, exhibiciones gimnásticas de técnica narrativa: una ficción es (como toda obra de arte) la expresión más ambiciosa de una parcela, en general identificada, de la humanidad; esto es, su Autor. Me pregunto, incluso, si lo que determina al Lector a leer no será la esperanza no consciente de descubrir en el interior del libro —más que la historia que le será contada— a la persona invisible, pero omnipresente, del Autor. Tal como creo entenderla, la novela es una máscara que esconde y al mismo tiempo revela los trazos del novelista. Probablemente (digo probablemente) el Lector no lee la novela, lee al novelista.

Con esto no pretendo proponerle al Lector que se entregue, durante su lectura, a un trabajo de detective o de antropólogo, buscando pistas o removiendo estratos geológicos, al cabo o al fondo de los cuales, como un culpable o una víctima, o como un fósil, se encontraría escondido el Autor... Muy por el contrario: lo que digo es que el Autor está en el libro todo, que el Autor es todo el libro, incluso cuando el libro no consiga ser todo el Autor. Verdaderamente, no creo que haya sido para impactar a la sociedad de su tiempo por lo que Gustave Flaubert declaró que madame Bovary era él mismo. Me parece que, al decirlo, no hizo más que derrumbar una puerta desde siempre abierta. Sin querer faltar al respeto que debo al autor de *L'Éducation sentimentale*, podría decir que una afirmación tal no peca por exceso, pero sí por defecto: a Flaubert se le olvidó decirnos que él era también el marido y los amantes de Emma

Bovary, que era la casa y la calle, que era la ciudad y todos cuantos, de todas las condiciones y edades, en ella vivían; casa, calle y ciudad reales o imaginadas, da lo mismo. Porque la imagen y el espíritu, y la sangre y la carne de todos ellos, tuvieron que pasar, enteros, por un único ser: Gustave Flaubert, esto es, el hombre, la persona, el Autor. También yo, aunque tan poca cosa en comparación, soy la Blimunda y el Baltasar de *Memorial del convento,* y en *El Evangelio según Jesucristo* no soy solo Jesús y María Magdalena, o José y María, porque soy también el Dios y el Diablo que allí están...

Lo que el Autor va narrando en sus libros no es su historia personal aparente. No es eso que llamamos relato de una vida, no es su biografía linealmente contada, cuántas veces anodina, cuántas veces sin interés, sino otra, la vida laberíntica, la vida profunda, aquella que él difícilmente osaría o sabría contar con su propia voz y en su propio nombre. Tal vez porque lo que hay de grande en el ser humano sea demasiado para caber en las palabras con que a sí mismo se define y en las sucesivas figuras de sí mismo que pueblan un pasado que no es apenas suyo, y que por eso se le escapará cada vez que intente aislarlo o aislarse en él. Tal vez, también, porque aquello en que somos mezquinos y pequeños es hasta tal punto común que nada de muy nuevo podría enseñar a ese otro ser pequeño y grande que es el Lector...

Finalmente, quizá sea por alguna de estas razones por lo que ciertos autores, entre los cuales me incluyo, privilegian, en las historias que cuentan, no la historia de lo que vivieron o viven (huyendo así de las trampas del confesionalismo literario), sino la historia de su propia memoria, con sus exactitudes, sus desfallecimientos, sus mentiras que también son verdades, sus verdades que no pueden evitar a su vez la mentira. Bien vistas las cosas, soy solo la memoria que tengo, y esa es la única historia que puedo y quiero contar. Omniscientemente.

En cuanto al Narrador, si después de esto aún hubiera quien lo defienda, ¿qué podrá ser sino el más insignificante personaje de una historia que no es la suya?

*Conferencia pronunciada
en México, en el Colegio Nacional,
sobre la nueva geografía de la novela,
organizada por Carlos Fuentes.*

Descubrámonos los unos a los otros
(22 de septiembre)

No deben esperar alardes del simple escritor de novelas que soy: aunque no me sean del todo ajenas las virtudes de la ironía y del humor, no me parece que el asunto que nos congrega se preste a exhibiciones de esa naturaleza, a no ser esa modalidad del humor y de la ironía, de todas sin duda la más saludable, que consiste en ser uno, al mismo tiempo, agente y objeto de ella.

En los manuales del perfecto conferenciante, de cuya real existencia no estoy enteramente seguro, aunque ciertamente no habrán escapado a la imaginación de los autores y a la perspicacia de los editores, empeñados, unos y otros, en hacernos la vida más fácil, sin duda se considerarán dos modos principales de abordar una intervención: el primer modo es el de sopetón, ese que casi no deja que los asistentes se acomoden en los asientos, aturdidos enseguida por la vehemencia de la alocución, por la profundidad de los conceptos o por lo que algunos denominan actualmente comunicación agresiva; el segundo modo, por el contrario, no tiene prisa, procede dando pequeños pasos, avanza con mínimas aproximaciones, es el estilo de quienes, conscientes de que la especie humana está destinada a hablar hasta el fin del mundo, desean que su voz no se ausente demasiado pronto del concierto universal y por eso van simulando que no hay por qué tener prisa. Sabiéndose cómo, en mis novelas, me inclino preferentemente por una escritura narrativa de tipo lento y minucioso, no es de extrañar que, llegada la hora de hablar, decida comenzar por describir el bosque antes de examinar, una por una, hasta donde me alcance el conocimiento, las especies vegetales.

Para este asunto que nos congrega, descubrirnos los unos a los otros, me ha parecido apropiado citar cierto libro que trata de navegaciones, es verdad que insólitas, y de rumbos, es verdad que imprecisos, que puede ayudarme a llevar a puerto de salvación la nave de este texto. Me refiero, como algunos de los presentes habrán adivinado, a la novela titulada *La balsa de piedra,* que, si no llegó a dar la vuelta al mundo, logró perturbar algunas cabezas europeas, excesivamente susceptibles, que pretendieron ver en ella, más que la ficción que es, un acta de protesta y de rechazo contra la Europa comunitaria. Confieso que alguna perturbación de esa naturaleza tocó al autor del libro, que, de tanto enredarse en las corrientes de la marítima historia que iba narrando, hasta llegó al extremo de imaginarse marinero de la fantástica embarcación de piedra en que había transformado la Península Ibérica, fluctuando impávida sobre las aguas del Atlántico, rumbo al sur y a las nuevas utopías. La alegoría es de lo más transparente: aunque aprovechando y desarrollando, ficcionalmente, algunas semejanzas con las razones de los emigrantes que viajan a tierras extrañas para buscarse la vida, hay en este caso una diferencia sustancial y definitiva: que viajaban conmigo, en la inaudita navegación, además de mi propio país, y para no dejar amputada a la Península, España entera, separada, irónicamente, de Gibraltar, y dejando agarradas al fondo del mar, bien firmes, las islas Baleares y las islas Canarias. Estas mismas islas Canarias donde hoy vivo y adonde no imaginaba que las circunstancias me acabarían conduciendo.

La *balsa de piedra* es, toda ella, de la primera a la última página, la consecuencia literaria de un resentimiento histórico personalmente asumido. Colocados por las casualidades de la geografía en el extremo occidental del continente europeo, los portugueses, pese a que junto a España llevaron, tanto para bien como para mal, el nombre y el espíritu de Europa a otras partes del mundo, después se quedaron al margen de la Historia. Nos cabe a nosotros, me refiero a Portugal, buena parte de responsabilidad en esa especie de exilio nacional de lo que se ha dado en llamar la «casa común europea», aunque la autoflagelación que nos es característica no deberá dejar en el olvido el desdén y la arrogancia de que nos dieron abundantes muestras las potencias europeas a lo largo de los últimos cuatro siglos. Comenzando, dejémoslo claro, por el más antiguo amigo de Portugal, Gran Bretaña, para quien, hasta tiempos bien recientes, cualquier intento de acercamiento y conciliación de intereses entre los dos Estados peninsulares siempre era visto como una potencial amenaza para sus propios e imperiales intereses.

Al decir que llevamos el espíritu de Europa a desconocidas regiones del mundo no es mi intención entonar las acostumbradas aleluyas, el canto habitual de alabanzas a las culturas y a la civilización europeas. No les voy a cansar repitiendo el extensísimo catálogo de sus maravillas, desde los griegos hasta los tiempos de hoy. Sabemos de sobra que Europa es madre ubérrima de culturas, faro inapagable de civilización, lugar donde podría instituirse el modelo humano que más próximo está, supongo, al prototipo que Dios tendría en mente cuando colocó en el paraíso al primer ejemplar de nuestra especie. Así, de esta manera idealizada, es como los europeos se contemplan a sí mismos: «Yo soy de lo más bello, de lo más inteligente, de lo más sabio, de lo más culto y civilizado que la tierra ha producido hasta ahora».

Ante la benévola imagen con que los europeos suelen envolver su presunción, y como contrapartida, sería ahora el momento de describir la ciertamente no menos extensa relación de desastres y horrores de Europa, lo que acabaría conduciéndonos a la deprimente conclusión de que la famosa batalla celeste, poéticamente descrita por Milton en su *Paraíso perdido,* entre los ángeles sublevados y los ángeles obedientes, fue ganada por Lucifer, y que el único habitante del paraíso habría sido la serpiente, encarnación tangible del Mal y su gráfica representación, que no necesitó de macho, o de hembra, si macho era, para proliferar en número y en cualidad. Sin embargo, no haremos esa relación, como no hicimos antes aquel catálogo.

Claro que, desde un punto de vista abstracto, Europa no tiene más culpas en la notaría de la Historia que cualquier parte del mundo donde, ayer y hoy, por todos los medios, se hayan disputado o se estén disputando el poder y la hegemonía; pero la ética, que debería aplicarse, como dice el sentido común, sobre lo concreto social, es la menos abstracta de todas las cosas y, aunque variable según el tiempo y el lugar, permanece siempre como una presencia callada y rigurosa que, con su mirada fija, pide cuentas todos los días. Europa debería presentar ante el tribunal de la conciencia mundial, si eso existiera, el balance de su gestión histórica (perdóneseme esta jerga de burócrata), para que no siga prolongando su pecado mayor y su mayor perversión, que es, y ha sido, la existencia de dos Europas, una central, otra periférica, con el consecuente lastre de injusticias, discriminaciones y resentimientos. Responsabilidad esta que la nueva Europa comunitaria no parece querer asumir: la malla de prejuicios y de opiniones hechas en que continuamente nos enredamos y paralizamos y con la que se deforma la más abierta voluntad de diálogo y colaboración. No hablo de las guerras, de las invasiones, de los genocidios, de las eliminaciones étnicas selectivas, que no cabrían en un discurso como este. Hablo, sí, de la ofensa grosera, más allá de la congénita malformación que denominamos eurocentrismo, el comportamiento aberrante que consiste en que Europa sea eurocéntrica en relación a sí misma: para los Estados europeos más ricos, y si creemos en su narcisista opinión de considerarse culturalmente superiores, el resto del continente sigue siendo algo más o menos vago y difuso, un tanto exótico, un tanto pintoresco, merecedor, como mucho, del interés de antropólogos y arqueólogos, pero donde, a pesar de todo, contando con las adecuadas colaboraciones locales, todavía se pueden hacer algunos buenos negocios.

Ahora bien, considero que no habrá una Europa nueva si esta que tenemos no se instituye decididamente como una entidad moral. Tampoco habrá una nueva Europa mientras no sean abolidos los egoísmos nacionales o regionales, reflejos defensivos de un supuesto predominio o subordinación de unas culturas sobre otras. Tengo presente, claro está, como pura obviedad, la importancia de los factores económicos, políticos y militares en la formación de las estrategias globales; pero siendo yo, por fortuna o desgracia, hombre de libros, es mi deber recordar que las hegemonías culturales de nuestro tiempo son resultado, esencialmente, de un doble y acumulativo proceso de exhibición de lo propio y ocultación de lo ajeno, y que ese proceso, con el paso del tiempo, ha tenido el arte de imponerse como algo inevitable, muchas veces favorecido por la resignación, cuando no por la complicidad de las propias víctimas. Ningún país, por más rico y poderoso que sea, debería arrogarse una voz más alta que los demás. Y ya que de culturas venimos hablando, diré también que ningún país, grupo, tratado o pacto de países tiene derecho a presentarse como mentor o guía cultural de los restantes. Las culturas no deben ser consideradas más ricas o más pobres, son todas ellas culturas y basta. Desde este punto de vista, se auxilian unas a otras, y será por el diálogo entre sus diferencias, las cualitativas, no las cuantitativas, por lo que se justificarán mutuamente. No hay, y espero que no lo haya nunca, por ser contrario a la pluralidad del espíritu humano, una cultura universal. La Tierra es única, pero no el ser humano. Cada cultura es, en sí misma, un universo potencialmente comunicante y receptivo: el espacio que las separa es el mismo que las liga, como el mar separa y liga los continentes.

Dentro de la mal avenida casa europea, las dificultades de relación entre los pueblos fueron y siguen siendo el más serio de los problemas que tendremos que resolver si queremos llegar a un entendimiento que haga de la vida en Europa algo diferente de lo que ha sido hasta ahora: una lucha obsesiva por la riqueza y el poder. Si esto es así, ¿qué podría decirse de la relación de Europa en su conjunto con los pueblos que, a partir del siglo xv, voluntariamente o forzados, entraron en el proceso general de ensanchamiento y conocimiento del mundo iniciado con los descubrimientos y las conquistas?

Verdaderamente, desde que Colón, en 1492, tocó tierra americana creyendo que había llegado a las Indias, y que Álvares Cabral, en 1500, por casualidad o a caso hecho, encontró Brasil, fueron diversas, pero nunca contradictorias, las imágenes que Europa fue recibiendo de ese nuevo mundo, incomprensible en muchos aspectos pero, como la Historia vino luego a demostrar, bastante dúctil y moldeable, bien por la violencia de las armas, bien por la persuasión religiosa, para los intereses materiales y las conveniencias ideológicas de quienes, habiendo comenzado como descubridores —siempre alguien tuvo que descubrir, siempre alguien tuvo que ser descubierto—, inmediatamente pasaron a explotadores. El soldado y el fraile que pusieron pie en las nuevas tierras descubiertas llevaban a los combates armas diferentes: uno blandía la espada, otro imponía la cruz. Si no fueron iguales los medios usados, sin duda coincidieron en los fines, en el mismo objetivo de dominio: el de las almas transportadas por los cuerpos, el de los cuerpos animados por las almas. Por una dádiva suplementaria del Creador —me sea permitida la melancólica ironía—, el oro y los diamantes volvieron más atractiva y compensadora la empresa de la evangelización. Ante tantas maravillas, poco significarían las devastaciones, los genocidios y los saqueos, y menos aún en las conciencias de la época, que ponían por encima de todo, a la vez que sus intereses personales, siempre humanamente legitimados, los intereses de Dios y de la Corona, justificados, en caso de duda, por adecuadas razones de fe y de Estado. Previniendo algún que otro escrúpulo moral, siempre posible en la problemática naturaleza humana, quisieron el azar y la Providencia que viniesen al mundo, en el momento necesario, un Bartolomé de las Casas y un António Vieira, para que, en España y en Portugal, pudieran tener los indios sus defensores, es verdad que oficiosos, de las peores arbitrariedades y de las más escandalosas extorsiones a que eran sometidos.

Los tiempos fueron cambiando, la Historia perfeccionó los métodos. De acuerdo con sus intereses nacionales, cada país de Europa, a lo largo de los siglos, miró al continente americano a su propia e interesada manera, y de ese modo particular de mirar pretendió invariablemente sacar algún provecho, incluso cuando fue necesario presentarse, durante el tiempo conveniente, con la imagen y la apariencia de un libertador.

Llegados a este punto, espero que comience a entenderse el título, aparentemente conciliador, de *Descubrámonos los unos a los otros*. Quiero dejar claro que no tengo como objetivo, de modo directo o metafórico, con un oportunismo que en el mejor de los casos llegaría fuera de tiempo, intentar armonizar la polémica palabra *descubrimiento* con los diplomáticos y vanos arreglos de última hora que pretendieron sustituirla, por vía de una simulación que ni las buenas intenciones lograron disculpar, con expresiones aparentemente más consensuales, como serían las de *encuentro de pueblos* y *diálogo de culturas*. Tanto por manera de ser como por formación adquirida, he procurado no caer en la fácil tentación de añadirle a la realidad conceptos que no se correspondan con el grado de fidelidad (siempre relativa, ay de mí) que, a pesar de las consabidas debilidades del espíritu humano en general, y del mío en particular, nos evita incurrir en excesivas perversiones de juicio. Con esto quiero decir que si a unos no les agrada la palabra descubrimiento (lo que, siendo su derecho, no llega a modificar la evidencia histórica), a otros, sean portugueses o españoles, no los absuelve el hecho de llamar hoy diálogo de culturas y encuentro de pueblos lo que antes fue violencia, depredación y conquista.

Aprovechando la ocasión, podría introducir en mi discurso la nómina de los mil y un bárbaros hechos practicados por los españoles contra los pueblos del Nuevo Mundo, según rezan las crónicas, y que nadie, por más explicaciones que invente, logrará justificar algún día. No lo haré: el refrán, buen consejero, avisa de que no deberá tirar pedradas al tejado del vecino quien tenga de vidrio el de su propia casa. Por eso renuncio a tomar como blanco de mi puntería los tejados del vecino peninsular y pongo a la vista mis propios y frágiles techos. En una carta fechada el 20 de abril de 1657, nuestro padre António Vieira, ya antes citado, escribía desde Brasil al rey don Alfonso VI de Portugal: «Las injusticias y las tiranías que se han infligido a los naturales de estas tierras exceden en mucho a las que se hicieron en África. En espacio de cuarenta años se mataron y se destruyeron en la costa y desiertos más de dos millones de indios y más de quinientas poblaciones, así como grandes ciudades, y de esto nunca se vio castigo». No citaré más, no buscaré otras fuentes: por esta única teja partida entra el huracán de las atrocidades portuguesas, tan destructor como el que forjó para España la materia de la Leyenda Negra, uniendo a portugueses y españoles con cuantos pueblos, desde el comienzo de la Historia, ejercieron dominio violento e intolerante sobre otros pueblos.

No llevamos nuestras culturas a un diálogo con otras culturas; corrompimos las que encontramos y, en el caso de los pueblos incas, mayas y aztecas, destruimos las civilizaciones que les habían dado origen y de las que se sustentaban. De esa culpa añadida estamos los portugueses, por pura casualidad, exentos, tan solo porque «nuestros» indios, los de Brasil, se encontraban, en todos los aspectos, en un nivel de desarrollo inferior. No aceptaremos que nos condenen como los mayores criminales de la Historia, pero no procuraremos absoluciones a toda costa. Por otro lado, levantar un monumento a las víctimas de la invasión europea de 1492, como hizo o quiso hacer el digno alcalde de Puerto Real, en España, demuestra una ingenuidad filosófica totalmente al margen de las realidades históricas y parece ignorar que los responsables de la invasión económica y de la ocupación política de que son víctimas, hoy y no ayer, hoy y no hace cinco siglos, los pueblos de América Latina, no se llaman Colón ni Cabral, sino que usan nombres y apellidos de inconfundible acento anglosajón. Digamos también, si persistimos en esa idea de una póstuma e inocua justicia, que no tendremos más remedio que cubrir toda la Tierra de monumentos a las víctimas de invasiones, porque, como bien sabemos, el mundo, desde que es mundo, no ha hecho otra cosa que invadir al mundo...

Ahora bien, lo que pretendo decir en esta intervención (las excepciones, de haberlas, no cuentan, dado que no pudieron ni podrían contrariar la regla), repito, lo que pretendo decir es que el descubrimiento del otro casi siempre ha significado el nacimiento en el espíritu del descubridor, mucho más que en el espíritu del descubierto, de diversas expresiones de intolerancia, desde el rechazo de las diferencias más simples hasta las manifestaciones más extremas de xenofobia y racismo. La intolerancia, después de tantas pruebas dadas, ya se nos presenta como una expresión trágicamente configuradora de la especie humana y de ella inseparable, probablemente tiene raíces tan antiguas como el momento en que se produjo el primer encuentro entre una horda de pitecántropos blancos y una horda de pitecántropos negros... No nos engañemos a nosotros mismos: el día en que Cabral y Colón pusieron pie en las tierras nuevamente descubiertas, lo que dentro de ellos y de la gente que los acompañaba despertó violentamente fue, una vez más, el demonio de la intolerancia, la dificultad de aceptar y reconocer al otro en todas sus diferencias y, lo que es peor, el rechazo a admitir que la razón del otro podría racionalmente prevalecer sobre la nuestra y que el espíritu del otro quizá alcanzara, por sus propios medios, una plenitud igual o superior a la que, suponemos, ha llegado el nuestro. Descubrimos al otro y, de paso, lo rechazamos. Así como Macbeth dijo que no bastaría toda el agua del gran Neptuno para lavar la sangre de sus manos, tampoco habrá dialéctica ni sofística capaces de encubrir o disfrazar la intolerancia que llevamos en la masa de nuestra propia sangre.

Ciertamente, aquellos que, por inclinación personal o por formación, pudieron beber del manantial de las humanidades y aprendieron con sus propias flaquezas la dura lección de las imperfecciones y de las vulgaridades humanas, esos logran oponerse, de forma que llamaría culturalmente espontánea, a cualquier comportamiento intolerante, ya sea su origen y fundamento de raza, frontera, color, casta o religión. Sin olvidar que las clases sociales, por su ordenamiento piramidal y las consecuentes contradicciones internas de poder y de dominio, reproducen y desarrollan, en la mecánica de sus conflictos, comportamientos de intolerancia muy semejantes. Entre nosotros, el negro tiene, cuántas veces, la piel blanca, y el musulmán puede muy bien ser el cristiano cumplidor que, aunque bautizado y confirmado, aunque regularmente se confiese y comulgue, pertenece a otra iglesia social...

Todas las protestas, todos los clamores, todas las proclamaciones contra la intolerancia son justos y necesarios, pero la experiencia de tantas expectativas defraudadas y de tantas ilusiones perdidas aconseja que moderemos nuestra satisfacción siempre que, como consecuencia de esas u otras acciones, la intolerancia detenga su avance e incluso recule ocasionalmente, a la espera, deberíamos saberlo, de tiempos más propicios. Prácticamente todas las causas de la intolerancia han sido identificadas, desde las proposiciones políticas con objetivos finales de apropiación territorial, que dan como pretexto supuestas purezas étnicas y no dudan en adornarse con las neblinas del mito, hasta la crisis económica y la presión demográfica, que, no necesitando invocar justificaciones ajenas a su propia necesidad, tampoco las desdeñan cuando, en un momento agudo de esas mismas crisis, se considera conveniente el uso táctico de potenciadores ideológicos. Esos potenciadores, a su vez, en un segundo tiempo, podrán transformarse en móvil estratégico autosuficiente.

Infelizmente, como si los hechos anteriores, de naturaleza y consecuencias semejantes, hubiesen sucedido en un planeta sin comunicación con este, los brotes de intolerancia, sean cuales sean sus orígenes históricos y sus causas inmediatas, encuentran facilitadas sus operaciones de corrupción de las conciencias, entorpecidas estas por egoísmos personales o de clase, disminuidas éticamente, paralizadas por el temor cobarde de parecer poco patriotas o poco creyentes ante la insolente y agresiva propaganda racista o confesional que, poco a poco, va despertando la bestia que dormía en cada uno de nosotros, hasta que aparece la intolerancia, la violencia, el crimen. Nada de esto debería sorprendernos, aunque, con desconcertante ingenuidad, quizá desprovista de cinismo, pero igualmente nociva, henos aquí preguntándonos, una vez más, cómo es posible que haya regresado el flagelo cuando lo considerábamos extinto para siempre; en qué terrible mundo seguimos viviendo cuando creíamos haber progresado en civilización, cultura y derechos humanos.

Que esta civilización —y no me refiero solamente a la que, de modo simplificador, denominamos occidental— esté llegando a su término parece ser un punto indiscutible para todo el mundo. Queda claro que entre los escombros de los regímenes desmoronados o en vías de desmoronarse —socialismos pervertidos y capitalismos perversos— comienzan a esbozarse los conflictos de siempre, entre tanteos y dudas, recomposiciones de viejos materiales renovados por la lógica de hierro de la interdependencia económica y de la globalización de la información. De modo menos evidente, por pertenecer al territorio de lo que, metafóricamente, denominaría «ondulaciones profundas del espíritu humano», es posible identificar, en la circulación de las ideas, un impulso que apunta a un nuevo equilibrio, una reorganización de valores que debería suponer una redefinición racional y sensible de los viejos deberes humanos, tan poco estimados en nuestros días. De este modo quedaría colocada, al lado de la Carta de los Derechos Humanos, la Carta de sus Deberes, una y otra indeclinables e imperiosas, y ambas, en el mismo plano, legítimamente apelables. A Colón y a Cabral no se les podía exigir que pensaran en estas cosas, pero nosotros no podemos ignorarlas.

Es tiempo de terminar. Entre tanto, la balsa de piedra navegó hacia el sur unas cuantas millas más. Su ruta terminará en un punto del Atlántico situado en algún lugar entre África y América. Ahí, como una nueva isla, se detendrá. Transportó a los pueblos de la Península herederos de los antiguos descubridores, los condujo al reencuentro con las raíces que antes otros plantaron —los árboles europeos convertidos en selvas americanas—, y si, como propongo en esta charla, descubrir al otro será siempre descubrirse a uno mismo, aclaro que mi deseo al escribir ese libro fue que un nuevo descubrimiento, un encuentro con los pueblos iberoamericanos e iberoafricanos digno de ese nombre, permitiera descubrir en nosotros, ibéricos, capacidades y energías de señal contraria a las que hicieran de nuestro pasado de colonizadores un terrible hecho de conciencia.

Un político catalán, Ernest Lluch, escribiendo sobre *La balsa de piedra*, sugirió que mi pensamiento íntimo no habría sido separar la Península Ibérica de Europa, sino transformarla en un remolque que llevase a Europa hacia el sur, apartándola de las obsesiones triunfalistas del norte, ahora solidaria con los pueblos explotados del Tercer Mundo. Es bonita la idea, pero verdaderamente no me atrevería a pedir tanto. Sería suficiente que España y Portugal, sin dejar de ser Europa, descubrieran en sí mismos, finalmente, la vocación de sur que tienen reprimida, tal vez como consecuencia de un remordimiento histórico que ningún juego de palabras podrá borrar, que solo acciones positivas un día lo harán soportable. El tiempo de los descubrimientos no ha terminado. Continuemos, pues, descubriéndonos los unos a los otros; continuemos descubriéndonos a nosotros mismos.

Conferencia pronunciada en el
Congreso Iberoamericano
de Filosofía, Cáceres,
22 de septiembre de 1998.

(N. del E.: se trata de una
transcripción de la conferencia,
parte leída, parte improvisada,
a partir de notas manuscritas.)

El niño y el globo
(26 de septiembre)

De vez en cuando, los domingos por la tarde las mujeres iban a la Baixa para ver los escaparates. Por lo general iban a pie, alguna vez tomaban el tranvía, que era lo peor que me podía pasar en esa edad, porque no tardaba mucho en marearme con el olor de dentro, una atmósfera recalentada, casi fétida, que me revolvía el estómago y en pocos minutos me ponía a vomitar. En este particular fui una criatura delicada. Con el paso del tiempo esta intolerancia olfativa (no sé qué otro nombre podría darle) fue disminuyendo, pero lo cierto es que, durante años, bastaba con que entrara en un tranvía para sentir la cabeza dando vueltas. Fuese cual fuese el motivo, porque se apiadaron de mí o porque querían estirar las piernas, en aquel domingo bajamos a pie desde la calle Fernão Lopes mi madre, Concepción, creo que también Emídia y yo, por la avenida Fontes Pereira de Melo, luego la avenida de la Liberdade, y finalmente subimos al Chiado, que era donde se mostraban los tesoros más apreciados de Alí Babá. No me acuerdo de los escaparates, ni estoy aquí para hablar de ellos, asuntos más serios me ocupaban en esos momentos. Junto a una de las puertas de los Almacenes Grandella un hombre vendía globos, y ya fuera porque lo había pedido (lo que dudo mucho, porque solo quien espera que se le dé se arriesga a pedir), o quizá porque mi madre hubiera querido, cosa excepcional, hacerme un cariño público, uno de aquellos globos pasó a mis manos. No me acuerdo si era verde o rojo, amarillo o azul, o simplemente blanco. Lo que después pasó borraría de mi memoria el color que debería habérseme quedado pegado a los ojos para siempre, dado que era nada más y nada menos que el primer globo que tenía en todos los seis o siete años que contaba de vida. Íbamos al Rossio, ya de regreso a casa, yo orgulloso como si condujera por los aires, atado con un cordel el mundo entero, cuando de repente oí que alguien se reía a mis espaldas. Miré y vi. El globo se había vaciado, iba arrastrándolo por el suelo sin darme cuenta, era una cosa sucia, arrugada, informe, y los dos hombres que venían detrás se reían y me señalaban con el dedo, a mí, en esa ocasión el más ridículo de los especímenes humanos. Ni siquiera lloré. Solté la cuerda, agarré a mi madre por el brazo como si fuese una tabla de salvación y seguí andando. Aquella cosa sucia, arrugada e informe era realmente el mundo.

Texto leído en el coloquio
celebrado en Amberes
el 26 de septiembre de 1998
y posteriormente incluido en
Las pequeñas memorias.

Este libro se terminó
de imprimir en
Móstoles, Madrid,
en el mes de
septiembre de 2018

Descubre tu próxima lectura

Si quieres formar parte de nuestra comunidad,
regístrate en **www.megustaleer.club**
y recibirás recomendaciones personalizadas

Penguin
Random House
Grupo Editorial

 megustaleer